¿CÓMO PUEDE UN EXTRANJERO
TENER ÉXITO EN LOS ESTADOS UNIDOS

Ser millonario

Por Paul J. Toyle

PRIMERA EDICIÓN

1

A mi esposa Martha Desormis, hijo Kevin Toyle

Y mi hija Wendy P. Toyle

Contenido

Prefacio

Sería egoísta si no puedo compartir mi éxito con el resto del mundo. Como la primera persona en mi familia a emigrar a los Estados Unidos, he dejado un legado para el resto a seguir. A pesar de que estaba no nacido y criado en una familia rica, mi mente siempre ha sido rico en grandes ideas y los sueños . Yo siempre he soñado con ser un líder y que en la más alta posición social; el rango más alto, y la elevación más alta. Yo nunca deje de pensar, soñar, y actuar.

Yo no tengo un pasado perfecto, pero siempre he contemplado mi futuro con la confianza que tengo en Dios y el deseo de éxito. Mi infancia no fue tan grande como esperaba que lo fuera, debido a que algunas cosas desagradables que le ha sucedido a mis ojos y no son capaces de hacer una cosa acerca de ellos, pero nunca deje que se me hacia atrás mientras yo seguía y marcharon hacia mi destino.

Yo nací en el Caribe, en un moderado familia con seis hijos. Mi papá era un constructor y que él era el único de la familia mientras que mi mamá me alojé en casa para hacer trabajos domésticos y de la atención de los hijos. Las dos cosas que mi familia se valora más la escuela y en la iglesia. Eran personas muy religiosas y ha inculcado en sus hijos el gran valor de la religión, que es por eso por lo que estoy tan religioso hasta el día de hoy. Escuela fue de gran importancia en la sociedad, por lo que se considera una gran actividad para que la gente despierte al amanecer y a prepararse para la escuela, hacer que los estudiantes revisen sus libros y comenzar el día con un desayuno que mamá preparó y empacado para el camino a la escuela.

Vida era muy dura y muy difícil para personas sin educación y yo no voy a decir que los que no tienen la oportunidad de ser educados cree que la educación es el factor clave para el éxito. Esto significa, por supuesto, que quería asegurarse de que sus hijos no tengan que pasar por la misma vida analfabetos, pero de estar bien equipado con una educación para proporcionar las herramientas para una vida mejor.

Las escuelas públicas son escasas y la calidad de la educación es deficiente, por decir lo menos. Sin embargo, la mayoría de las personas están obligados a pagar las escuelas privadas para sus hijos si ellos podían permitirse el lujo de pagar o no. Vimos a aquellos que no pueden pagar el costo de los alimentos básicos nutrición para sus familias, pero que se ven obligado a pagar escuelas privadas para sus hijos, siempre con la esperanza de que cuando los niños crecen, pueden convertirse en médicos, ingenieros, enfermeras/os para ayudar a mitigar la penosa vida de sus pobres familias.

Durante mi niñez, sería justo decir que yo no se demasiado divertido porque no sólo el país no ofrecen este tipo de ambiente para que los niños disfruten de él, pero mi familia era económicamente desfavorecidos. Algunas de las cosas que hicimos para la diversión incluyen piscina rocoso en un río, o jugando al fútbol sobre el terreno polvoriento en espera que podríamos encontrar un pequeño espacio adecuado en los jardines de la gente, en la escuela o en la iglesia. La mayoría de las veces nuestro juego no incluir una verdadera bola o incluso zapatos de desgaste real, era sólo nuestros pies descalzos porque no se podían permitir un verdadero balón de fútbol o zapatos de vestir. Que nunca se atrevería a llevar los mismos zapatos que llevábamos a la escuela o la iglesia. Como se puede ver, si nos hemos cogido grave sería un estertor de nuestros padres con una varilla, una correa o cualquier cosa que podrían tener en sus manos. Yo no me puedo olvidar de mencionar que jugar dominó es otro entretenimiento nuestros vecinos nos encantó. Los jóvenes se han reunido, junto con las personas mayores, todos sentados en la misma mesa hablando de todo tipo de temas mientras se está jugando. Por supuesto, a veces, el juego se detuvo a causa de un gran argumento, o incluso algunos emocionalmente cargada de puño peleas.

La fe que tengo en Dios y la esperanza espíritu he combinado que sin duda me han ayudado a pasar por todas las adversidades en mi vida y se convirtió en un superviviente. Cuando me convertí en un oficial de policía a la edad de veinte y uno y se paga el primer control que nunca he trabajado para, ya era hora! Afortunadamente, el gobierno de mi país firmó un contrato con el gobierno estadounidense para la nueva contratación de los agentes de la policía para viajar a los Estados Unidos para fines de capacitación. Mi grupo fue el primero en viajar a los ESTADOS UNIDOS a bordo de un avión militar a una base militar que sirve como campo de entrenamiento, ubicado en el estado de Missouri. Que fue un momento muy emocionante que nunca olvidaré y fue una ruptura importante para mí , sabiendo que mi vida nunca sería la misma. Ese fue el comienzo de cambios en la vida para mí. Después de pasar tres años en la fuerza de policía de mi país y de mi comunidad, he decidido no renovar el contrato con la institución de la policía porque sabía que no era el punto final de logro en mi vida, así que he hecho una solicitud a la embajada DE ESTADOS UNIDOS para renovar mi visa, lo que fue aceptado.

He viajado a los Estados Unidos para el segundo tiempo, esta vez por mi propia cuenta en donde he comenzado a aprender una nueva cultura, con gente nueva, un nuevo lenguaje, nuevas atmósfera, y la oportunidad de vivir una nueva vida. Este es el lugar donde me desempeñé mi sueño como un extranjero para convertirse en exitosos.

He asistido a Chattahoochee Technical College de Georgia, donde me gradué en 2008 con un grado Ingeniería Biomédica Tecnología. Fui aceptado en Libertad Universidad de Virginia, donde también se graduó en 2011 con una Licenciatura en Ciencias de la religión.

Usted también puede hacerlo. Acaba de leer el libro por completo y usted encontrará instrucciones útiles acerca de cómo convertirse en un millonario en los Estados Unidos. Compartir algunos millonarios de historias de vida con usted es esencial para su viaje a ser exitosos como nosotros. En el capítulo uno, encontrará grandes historias acerca de algunos los inmigrantes exitosos.

El Capítulo 1

Ser millonario

La mayoría de los millonarios son algunas personas normales, al igual que usted, que empezar desde cero y ser ricos. Pero es importante conocer los principios y adherirse a ellas para que esto suceda. Para ser millonario no significa que deba ser una persona perfecta. Como bien sabemos todos, nadie es perfecto. Pero hay que seguir algunos principios importantes, tales como adquirir algunos conocimientos de lo que están haciendo, el amor lo que están haciendo y tener el control sobre lo que está haciendo. Cuando leemos la historia de algunos millonarios en los Estados Unidos, que no son mejores que usted. La única diferencia es el hecho de que tienen un propósito; se concentran, se dedican a la cuestión que nos ocupa, y siguen algunos principios. Este libro es esencialmente diseñado para enseñar, paso a paso, de cada capítulo cómo llegar allí.

Cuando llegué a la de lograr mi sueño, no tenía familia viviendo aquí. Tenía que estar en una familia la casa de un amigo en algún momento. Como un visitante que no tenía ninguna condición jurídica para permanecer en el país más de seis meses sin permiso de trabajo de la inmigración, es muy difícil para mí encontrar un trabajo y sostenerme. Me instalé en Atlanta, Georgia donde conseguí mi primer trabajo con una empresa de fabricación para limpiar algunas máquinas de producción que se han utilizado para preparar verduras para su distribución. Lo único que podía hacer en ese momento era simplemente vivir como un sobreviviente. Como la única oportunidad vida ofrecidas en ese momento, me las he arreglado para ahorrar cada centavo que me podría ahorrar y vivió como simplemente como sea posible. Al mismo tiempo que se sigue trabajando para un salario mínimo con la empresa de fabricación, estaba ansioso por conocer la cultura americana. No mucho después, me enteré de que la población de Estados Unidos refleja una notable diversidad étnica. Yo creía que sabía que la cultura, me gustaría formar parte de la American valor que finalmente abrirá todas las puertas de las oportunidades para mí así que podría alcanzar el Sueño Americano porque yo también sabía que el pueblo estadounidense ha sido entrenado desde muy temprano en sus vidas a sí mismos como individuos separados que son responsables de su propia situación en la vida y su propio destino. He pulsado sobre, deseosos de estar entre las personas de éxito en los Estados Unidos. Fue un sueño hecho realidad!

Robert éxito Herjavec

Herjavec nació en Yugoslavia y emigró con su madre y su padre a Canadá a la edad de ocho años, después de abandonar el comunismo en la ex Yugoslavia. Herjavec su padre fue encarcelado por hablar contra el Mariscal Josip Broz Tito de régimen comunista. Herjavec ha llegado a ser bien conocido por su familia "trapos a la riqueza" de la historia de éxito, que llega con una sola maleta. La Herjavec familia llegó en Halifax, Nova Scotia a bordo de la Cristoforo Colombo en 1970. La familia finalmente se estableció en Toronto, donde vivían en el sótano apartamento de un amigo de la familia la casa por 18 meses.

Herjavec graduado de New College de la Universidad de Toronto, con un grado en literatura inglesa y ciencias políticas. Para ganarse la vida y ayudar a mantener a su familia, la tomó en una variedad de empleos de salario mínimo como tablas, entrega de periódicos y las ventas al por menor.

Herjavec fue la primera carrera en el cine a una edad temprana. Pasó rápidamente detrás de las cámaras en varias funciones de producción. Trabajó en varias producciones como 3ª AD (subdirector)
Como Caín y Abel y el regreso de Billy Jack. Su temprana carrera de la película culmina con la posición de campo productor de los XIV Juegos Olímpicos de Invierno de Sarajevo, Bosnia y Herzegovina de Global TV, donde se le entregó un honor como uno de los más jóvenes productores de cobertura Olímpica.

Entre las producciones, Herjavec se encontró buscando trabajo. A través de su compañero de cuarto, se enteró de una apertura en un equipo llamado Logiquest inicio venta placas de emulación mainframe de IBM. Él se encontró con la preparación necesaria para la posición, pero habló en el papel, ofreciendo de forma gratuita para los primeros seis meses para obtener su estancia. Para pagar el alquiler durante este período, Herjavec trabajó como camarera en un restaurante por la noche en Yorkville. Finalmente, terminó como Gerente General de Logiquest. En 1990, se retiró para Sistemas BRAK, un canadiense integrador de software de seguridad de Internet, desde el sótano de su casa. BRAK Los sistemas se vendió a AT&T Canadá en el 2000.

Después de tres años de retiro como una estancia en casa, padre de sus tres hijos, Herjavec Herjavec fundó el Grupo en 2003, un integrador de soluciones de seguridad, distribuidores y proveedores de servicios gestionados, de la que es actualmente el GERENTE GENERAL. El Grupo Herjavec es uno de Canadá de crecimiento más rápido de las empresas de tecnología y el más grande del país, proveedor de seguridad, de acuerdo con el Grupo Branham, el Grupo Herjavec (THG) ha aumentado de tres empleados en 2003 a 150 empleados a partir de 2013, con un 643% de crecimiento a partir del 2007-2012, y las ventas de $ 400K en el 2003 para más 125 Millones de dólares en 2012. La compañía ha hecho más de 500 millones de dólares en ventas en los últimos 10 años. Herjavec y el Herjavec Group Inc. han sido los beneficiarios de las numerosas empresas y los premios al éxito empresarial.

Robert demuestra su experiencia empresarial a través de su papel de liderazgo en los Emmy nominado, hit TV americana, tanque de tiburones, que ahora se encuentra en su 5ª temporada en ABC (producido por Mark Burnett Productions). Su inspirador libros, .. y .La Voluntad para ganar", fueron al mismo tiempo Top 10 best-sellers que le valió el título de .autor de superventas. Robert's asesoramiento empresarial motivación ha recibido millones de impresiones a través de la televisión, radio, prensa escrita y Medios digitales.

Tom Pendleton éxito

Tom Pendleton nació en Escocia y llegó a los Estados Unidos en 1973. Ha pasado muchos años de trabajo en la empresa y mostrar después de llegar a los Estados Unidos, con lo cual tales cosas como los letreros de neón de la cerveza empresas visto en bares y restaurantes. Pero hace unos pocos años, él tenía una idea, investigó si era un negocio viable y que se encontraron con una línea de productos, a la creación de una empresa internacional actualmente en tres continentes. "Me he dado cuenta que no hay muchos productos de seguridad, especialmente para los adultos o la policía o a la emergencia Servicios, que había chalecos reflectantes que realmente luz," dice Pendleton. Con su Experiencia con LEDs y accesorios, "pensaba que esta gente debe estar usando todos Chalecos LED."

"Hemos venido con un montón de productos de seguridad que se creían muy práctico y Único y que debe servir al consumidor o cuidados de emergencia para las empresas comerciales predicación seguridad", dice. En el año 2006, Pendleton y su esposa comenzaron SafetyBright.com con sus ahorro, ofreciendo productos de seguridad diseñados para aumentar la visibilidad de los consumidores así como la ley Ejecución y los equipos de emergencia.

A través de sus contactos y amigos en el extranjero, la compañía ha sido capaz de ampliar desde los EE.UU. a europa y Asia. Un amigo en el Reino Unido, con un diseño de impresión empresa ha tomado de las operaciones europeas. Pendleton, a través de una vieja relación en Hong Kong, fue capaz de importar algunos de los productos fabricados en China. Pendleton dice comenzar un negocio en los EE.UU. fue sin duda más fácil que el REINO UNIDO, debido a la extensa documentación y burocracia. Pero perseverancia estaba todavía clave para arrancar el negocio, dice.

"Sabía que iba a tomar de tres a cinco años para que la empresa tome y no ser completamente rentabilidad", dice Pendleton. "Sabía que iba a tener que invertir y que tomó mucho tiempo y energía con poca recompensa para los primeros años. Mi esposa y yo estábamos dispuestos a hacer eso".

Miguel Zabludovsky éxito

Miguel Zabludovsky nació en México y emigró a los Estados Unidos en 2000. Se trasladó a Nueva York para una niña después de graduarse de la Universidad de Boston en 2004. La niña no duró, pero Zabludovsky entraron en otra relación una relación alumno-mentor con una antigua el profesor que le dio el coraje de abrir su propio negocio.

A los 29 años, Zabludovsky es el fundador de pizarra NUEVA YORK, un eco-amigable y asequible lavandería, tintorería limpieza y servicio de limpieza doméstica. Los 4 años de edad es utilizado por más de 5.000 los clientes de Nueva York. Zabludovsky propiedad padre de un detergente compañía que le expone a la lavandería, pero sólo vio las posibilidades de los EE.UU. un día, mientras cae su ropa que se va a limpiar.

"Toda la experiencia fue un completo desastre", dice. "Cuando vayas a esos lugares sucios. El lavar y doblar no es lo que usted espera de un consumidor. Desde el principio hubo un apariencia, no hay servicio de atención al cliente, los precios eran todos de la junta." "Yo quería un que recoger mis cosas todos los lunes... y me van a cobrar un precio mensual. Y yo quería que mi ropa limpia con químicos no tóxicos", dice.

Zabludovsky elaboró un plan de negocios y comenzó a barajar en torno a la contracción ropa seca limpiadores. Finalmente construyó su propio servicio de tintorería en 2007 y comenzó paños de limpieza. "Cuatro años más tarde que somos uno de los mejores cinco tintorerías en Nueva York y posiblemente los tres mejores términos de calidad", dice. El pasado año, la pizarra NUEVA YORK reunió 1,2 millones de dólares en ingresos, casi cinco veces el promedio de la industria.

Pizarra NUEVA YORK no era inmune a la recesión. Para diversificar, Zabludovsky inició un servicio de limpieza, y complementa los ingresos perdidos por las personas que no eran limpieza en seco. "Limpieza del Hogar es como limpieza en seco: Es muy fragmentada. Sentimos que nos podrían hacer un buen trabajo, y que intentó con la entrega de ropas", dice.

El acceso al capital es un problema. Slate NYC fue inicialmente financiado a través de Zabludovsky ahorro y las contribuciones de la familia. En el traslado a Brooklyn a un espacio más grande, Zabludovsky dice que él fue rechazado por una Administración de Pequeños Negocios DE LOS ESTADOS UNIDOS préstamo, incluso respaldada por Garantías, porque no era un ciudadano DE LOS ESTADOS UNIDOS. Terminó yendo a una entidad especializada para financiar su expansión. En una nota positiva, Zabludovsky dijeron que el hecho de tener raíces Mexicanas le ayudó a contratar para el Empresa de 25 empleados de tiempo completo. "YO soy mexicana. Hablo español. Puedo encontrar gente realmente buena a trabajar para nosotros," dice.

Zabludovsky dice tener un mentor, a quien describe como un "astuto empresario turco", fue importante. Comenzar un negocio "es muy emotiva, pero si existe alguien que pueda acompañarte emocionalmente y cuenta con la experiencia, que para mí fue una gran ventaja", dice.

Bhuvana Krishnan éxito

Bhuvana Krishnan nació en la India y llegó a los Estados Unidos en 1998. Se graduó Colegio de las licenciaturas en ingeniería eléctrica en la India en el momento álgido de la burbuja de Internet, terminó por conseguir un trabajo en la programación de computadoras. Ella vino a los ESTADOS UNIDOS en un proyecto de trabajo en la Nasdaq en 1998 para lo que se suponía que iba a ser de tres meses, "pero, a continuación, que me necesitaba de otro proyecto," dice ella. "Una cosa llevó a la otra y después se ha reunido con mi marido y nos alojamos aquí," ella dice. "Esto se convirtió en el hogar." Krishnan volvieron a la escuela, obtuvo su MBA y se mudó a Georgia Lentamente el coraje de cumplir a largo plazo sueño de abrir su propio negocio.

"Como un indio, el espíritu empresarial se ejecuta en nuestra sangre, pero el medio ambiente en la India no fue propicio para eso", dice. "América es la tierra de las oportunidades. Si eres bueno en algo, usted lo puede hacer aquí. Mientras que en la India es tan burocráticos cosas para superar... en particular, en una mujer. Yo no podría haberlo hecho enteramente en mi propio como puedo aquí."

Cybertary es una red de franquicias a nivel nacional asistentes virtuales que prestan servicios a la empresa los propietarios. "En algún momento de su negocio, así que necesitan ayuda y que necesitan ayuda especializada, y ahí es donde nosotros entramos", según Krishnan, el dueño de Cybertary de Alpharetta, Georgia, Franquicia. Cybertary es "un equipo de profesionales que pueden prestar estos servicios de demanda Base."

Krishnan previsto comenzar un negocio en línea con Cybertary durante varios años. Ella tenía la intención de la creación de la empresa, a la vez que sigue trabajando a tiempo completo en una empresa de seguros "Y eso no ocurrió", dice. a través de un amigo, Krishnan fue introducido en la red de franquicia y Cybertary eligió a finales 2009 Para abrir una franquicia debido a que "mi tiempo en el mercado se reduciría drásticamente", y le contar con el apoyo de la parte posterior final si es necesario, dice. "Renuncié a mi trabajo y comenzó este a la altura de la recesión", dice. "Sin duda alguna, fue un gran Riesgo, pero que no he lamentado."

Como inmigrante propietario de la empresa, Krishnan deseos que había crecido en los ESTADOS UNIDOS para conocer la cultura y mejor la historia, pero no parece haber ningún problema en llegar hasta los clientes. Como Zabludovsky, Krishnan dice que ella tiene una ventaja de ser una minoría: relativas a los locales de India comunidad. Y la gente de otros grupos minoritarios también tienden a gravitar en torno a ella. "Se sienten más cómodos hablando conmigo. Que se siente como yo lo entiendo como un inmigrante," ella dice. En su comunidad local, "hay una enorme comunidad India y Asia... Definitivamente, una ventaja." Pero que trata de no limitar su red a la comunidad indígena. Krishnan sugiere que otros propietarios de negocios ampliar su zona de confort cuando se trata de conseguir que los clientes y fortalecer las redes de profesionales. "Construcción de relaciones como inmigrante no es fácil", dice. "Tratando de construir una negocios en un país extranjero no es fácil en absoluto, pero el más que salir y hablar con la gente y red y cuantas más veces te ven en la comunidad... Se le forma más relaciones y haga crecer su negocio."

Lowell Hawthorne éxito

Lowell Hawthorne nació en Jamaica y llegó a América en 1981. Él creció para arriba en Jamaica, donde su familia poseía un negocio del pan. Era el espíritu emprendedor de sus padres que pegada con él incluso después de que él vino a los Estados Unidos. "Cuando llegué, como la mayoría de los inmigrantes que tenía que encontrar empleo", dice. Hawthorne acabó siendo empleada por el Departamento de Policía de Nueva York, haciendo su camino a convertirse en una contable en el Departamento de Policía de Nueva York sección de pensiones.

Después de 10 años, decidió que quería traer (lo que su familia hizo lo mejor) de los ESTADOS UNIDOS Jamaica, pidió una reunión familiar en busca de apoyo y tiene, los miembros de la familia terminó por tomar una segunda hipotecas en sus hogares para el lanzamiento.

Golden Krust Caribe Bakery & Grill abrió su primer establecimiento en el Bronx, NUEVA YORK. Donde hay una gran población del Caribe, en 1989, una fuerte demanda. Golden Krust abierto 17 restaurantes en todo el barrios de la Ciudad de Nueva York en tan sólo cinco años y se ha convertido en un establecimiento franquiciado de forma predeterminada en 1996, Hawthorne. Se ha ampliado a 125 franquiciados Tiendas en nueve estados de la Costa Oriental.

Hawthorne dice que su éxito depende de que su principal cliente, el Caribe Comunidad. Además, no han tenido éxito si no hay apoyo de la familia. "Hay siete Nosotros los miembros de la familia, junto con las esposas, y cada persona trae una muy singular habilidad para el organización. Yo era capaz de capitalizar los conocimientos", Hawthorne. En sus inicios, ejemplo, padre de Hawthorne de Jamaica para ayudar a cocer. Hawthorne también se afirma que, para que el producto de calidad que se utiliza en Jamaica, acabó importar equipos, materias primas material y empleados de Jamaica. Con lo que los empleados de los EE.UU. fue todo un conjunto de nuevas desafíos, entre ellos tener que obtener visas de trabajo. "Fue muy difícil, pero como todo otra cosa que hicimos lo que teníamos que hacer", dice. Para que el inmigrante propietario de la empresa, aprender las reglas y idioma de las franquicias no fue tarea fácil.

"No había escuela, ninguna institución que uno podría haber ido a aprender el negocio. Por lo tanto, básicamente aplicadas a diferentes organizaciones franquicia para aprender sobre el negocio de franquicia y trataron de hacer a los mejores abogados a bordo y mejores contadores a bordo", Hawthorne. "No hay mucho por hacer y no hay muchas empresas que se Caribe en la franquicia negocio." Golden Krust se está ampliando su alcance al movimiento en el mercado minorista y venta a la Costco Cadena, las instituciones penales y las cuentas institucionales, Hawthorne. "No fue fácil para ponerlo juntos, pero no lo hizo", dice Hawthorne. "Vale la pena hasta el final".

Yuri Schneiberg éxito

Yuri Schneiberg vino a los ESTADOS UNIDOS de San Petersburgo, en Rusia en 1979 con un fuerte equipo conocimientos de programación y un deseo de utilizar esos conocimientos en la educación. Él y su esposa había ejecutado un programación de computadoras escuela con dos campus, que sirve 1.500 estudiantes, pero la vendió en 1997. Poco tiempo después, se trasladaron la lista de clientes de cliente a clientes comerciales y comenzó learnquest, que ofrece formación profesional en la misma, y otras disciplinas de la revista Fortune 1000 Las empresas y las agencias gubernamentales.

La compañía opera las sesiones de capacitación en todo el país y prácticamente, y tiene cinco regionales oficinas de ventas en los ESTADOS UNIDOS y en Canadá. Este mes de septiembre, se irán añadiendo Schneiberg a LearnQuest por las ofertas de lanzamiento del espíritu empresarial y gestión de la Pequeña Empresa programa de certificado. Es la recesión que provocó la idea.

"Dado que el desempleo sigue siendo elevado, y tenemos 25 años de experiencia, nos gustaría ofrecer ayuda a nuestros compañeros en las pequeñas empresas", dijo. "Queremos compartir nuestra experiencia con otros propietarios de pequeñas empresas, incluidos los inmigrantes. Este es sin duda uno de nuestros objetivos audiencias. Como inmigrante y dueños de pequeñas empresas con un MBA, su hijo tiene uno así. Schneiberg dice su experiencia práctica, ayudar a otros que están empezando. "Los que más se beneficiarían serían las personas que han estado en el negocio durante un año, se un gusto, y lo que han aprendido es lo que no saben. Están listos para despegar, listo para comenzar contratación", dice. "Nuestro programa va a poner en la posición de la derecha, donde el crecimiento no es ya una milla por delante de ellos".

Marca exitosa historia cubana

Nació en Pittsburgh, Pennsylvania, Mark Cuban ha sido siempre un deporte entusiasta y fanático de los deportes. A la edad de 12 años, que estaba vendiendo bolsas de basura con la única finalidad de comprar un nuevo par de zapatillas de baloncesto. Sin embargo, este tratamiento sembró las semillas de hacer negocios. A lo largo de su escuela secundaria, siguió trabajando nada como la promoción discotecas y bares de tendencia.

Marca cubano es uno de los excepcionalmente exitosos empresarios latinoamericanos que tiene un valor neto de $2.6 millones de dólares, según Forbes. Conocida popularmente como "Tanque de Tiburones", vive una vida que la mayoría de la gente envidia. Fundó su primera compañía llamada Micro soluciones y la vendió en 6 millones de dólares a CompuServe en 1995. Pero esto sólo fue el don de su verdadero éxito, él tenía un largo camino por recorrer.

El mismo año, Cuba inició una nueva empresa, Audionet, que al final se convirtieron en Llamado anteriormente Broadcast.com. La idea principal se basa en internet, poner eventos deportivos en vivo online para que alguien pueda escuchar. En el año 1999, la empresa cubana creció al equipo de más de 300 empleados y 100 millones de dólares en ingresos anuales durante la burbuja del punto com.

El orador terminó por convertirse en un multimillonario, Broadcast.com recogió cuando Yahoo por $5,9 billones a antes de que el dot com crash. Por lo tanto, si usted dijo que se trata de un simple suerte o su predicción, ganó el juego de poker de su vida.

Después de completar la ceremonia de graduación de la Universidad de Indiana, consiguió su primer trabajo en los principios de los 80's en un empresa de desarrollo de software, software de su empresa. Durante su tiempo de servicio en la empresa, PC estaban creciendo rápidamente y se hizo un guapo relaciones con varios clientes de software. Clientes que comenzaron a reunirse en el lado que buscan la oportunidad de negocio para crecer su propio negocio. Viendo esto, la Compañía lo despidió, pero sus clientes vinieron con él.

Fundada Descripción del

Después de ser despedido de su trabajo, Cuba lanzó su propia compañía llamada, descripción del, sin perder tiempo. La empresa se basa en la distribución software que ha ganado una gran publicidad en un tiempo muy corto. Unos años más tarde, en 1990, vendieron Descripción del cubano a CompuServe 6 millones de dólares. Después de eliminar todos los impuestos, Cubano terminó con 2 millones de dólares en su bolsillo. A mediados de los años 90's estaba ocupado en las existencias comerciales. Se convirtió en el inversor y, en ese momento, Cuba se había convertido su 2 millones de dólares a 20 millones de dólares.

Su pasión por los deportes turved en un enorme negocio rentable. En 1998, junto con su colegio amigo, cubano comenzó otra empresa llamada, Audionet.com. Ambos eran grandes fans de baloncesto, la empresa era fusión baloncesto portal en línea y en la web. Más tarde, se cambió el nombre de la empresa a llamado anteriormente Broadcast.com. La Broadcast.com ampliado a más de 300 empleados y 100 millones de dólares en ingresos anuales a finales de los años 90 .

Cuando estaba en su auge punto com, decidió vender Broadcast.com a Yahoo. Por último, en 1999, yahoo recogió por $5,9 billones en Yahoo. Cuando el acuerdo se cerró oficialmente, se fue el momento culminante de dot com y Yahoo de acciones se cotizaban a $163 por acción.

Después de seis meses, cuando había acceso pleno a sus acciones, que apostó todas sus acciones y dumping toda su participación en el mercado abierto. Dentro de una semana, él vendió cada parte de Yahoo y se quedó con $2.5 mil millones de dólares en efectivo a su lado. y la parte más interesante, la parte que se vendieron en casi $160 se estrelló dentro de los próximos 18 meses a $8.11 por acción. Hoy en día, posee un equipo de baloncesto, Dallas Mavericks, Hito Teatros, distribución de películas empresa, Magnolia Pictures, mansión 24.000 pies cuadrados en Dallas y un jet privado por valor de $40mMillones de dólares.

Andrew Carnegie éxito

Andrew Carnegie nació en el seno de una típica familia de clase en Escocia, y vivían en un tejedores casa rural; una pequeña casa. La habitación principal sirvió no sólo de viviendas sino también el comedor, así como el dormitorio de la familia. Su familia sufren de cerca hambre y la pobreza cuando Guillermo, su padre, la familia emigró a Allegheny, Pennsylvania en los ESTADOS UNIDOS. La zona en que vivían era muy pobre pero mejor que sus comunidad anterior en Fife. El primer trabajo que tuve fue la de una bobina boy ha contribuido cambiar los carretes de 12 horas cada día. Sensación de que esto no era la carrera para él, se convirtió en un the Daily Telegraph messenger por $2.50 por semana; su trabajo entró con un par de extras, como el entrada gratuita para el teatro local. Pronto llegaron a $4.00 por semana, cuando tenía 18 años de edad, y gracias a su duro trabajo con rapidez desarrollo y Andrew subió con rapidez a través de las filas. Finalmente se convirtió en un inversionista, invirtiendo el dinero que había guardado durante años en Adams Express Company, un servicio de mensajería.

Carnegie más tarde recibió las acciones de una empresa de automóviles después de ayudar a proteger las acciones de otra negocio de un amigo, para su ventaja y su reinversión todo su dinero en el ferrocarril industria. Durante la guerra civil Carnegie hizo una gran fortuna a través de inversiones que había hecho; uno de que se le invierte 40.000 dólares de su propio dinero en Historia; un arroyo rico en petróleo. Por el Fin de año, la inversión de los dividendos pagados a la no despreciable suma de 1 millón de dólares, así como más ganancias procedentes de la gasolina y el petróleo. Después de la Guerra Civil había terminado, Carnegie dio $40,000 para ayudar a construir una biblioteca en su país natal en Dunfermline, él también le dio 50.000 dólares de su Dinero para un hospital escuela para enseñar a un mayor número de enfermeras y salvar más vidas. Ahora el inversor en tanto el petróleo y el acero Carnegie se está volviendo muy ricos, y decidió escribir su primer libro que ha vendido más de 40.000 copias. Su estilo de escritura y inteligencia lo ayudó a convertirse en Carnegie Conocido como un gran autor y periodista que le ayudó a ganar otro considerable fortuna en hacerlo. Carnegie de 1898 valía más de 20 millones de dólares y su famosa ofreció $20.000.000 para comprar filipinas desde España en un intento de permitir su independencia. En el momento de su muerte, en 1919, Carnegie se ha convertido en famoso por sus inversiones, su petróleo, sus escritos y, por supuesto, su Racha empresarial. Con el dinero que de todas sus inversiones y murió muy rico Hombre, su patrimonio neto es de $350.695.653 , hoy en día esa cifra sería de unos 300 mil millones de dólares.

En algún momento, la mayoría de las personas han dicho a ellos mismos, y se quiere ser como una de las personas en este lista, "quiero ser el siguiente Paul J. Toyle, Bhuvana Krishnan, Miguel Zabludovsky, Herjavec Robert, lo que quieras... Que se las defina como un éxito y modelos de rol, que queremos ser, y mi inclusión en este libro, hay que dar crédito a estas personas increíbles. Una cosa que la mayoría de estas personas tienen en común es el hecho de que todos ellos han trabajado muy duro y al final, se fueron muy bien recompensado. Mi amigo, que también están bien equipados con la misma herramienta para ser una persona de éxito. Usted simplemente necesita para el trabajo duro, que se centró, y seguir algunos principios. Este ha de inspirar el éxito para dar la bienvenida a su casa porque es llamando a su puerta, pero es completamente hasta que deje que entrar. Una de las cosas que le bofetada en la cara cuando lo vienen a los Estados Unidos es la cultura americana. El siguiente capítulo que le llevará hasta el reconocimiento de algunas de las culturas americanas.

El Capítulo 2
Cross Cultural

No se quede en una cultura antigua

Lo importante es estar abierto cuando se trata de la cultura en la realización de su objetivo. Adaptación a una nueva cultura puede ser un tiempo de experimentar nuevas costumbres, valores y creencias, como usted está literalmente inmerso en una nueva cultura y posiblemente un nuevo lenguaje, así. También puede ser un tiempo de confusión como intentar aprender a responder adecuadamente a las señales exteriores que puedan parecer, y para "hacer lo correcto" culturalmente. Muchas personas están tan confundidos, algunos se preguntan si tendrán nunca pase esa etapa. A ellos, no compare su vida con un coche que se pone boca abajo todavía están dentro de él y luchando por salir. Mi respuesta a usted, finalmente obtendrá de en el coche, pero que necesita para ser paciente y tenaz. Entre más se esfuercen, más rápido se saldrán de ella. Evitar poner demasiada presión sobre ti mismo, pero dejar que fluya con simplemente su tenacidad. Recuerde que se trata de una nueva vida y mucho que aprender en ese proceso. Las personas tienen diferentes velocidades y niveles de aprendizaje, y por ello muchos motivos diferentes, pero usted puede ajustar su ritmo de aprendizaje en el tiempo.

Valor Estadounidense

Las personas no pueden responder de la manera que lo hicieron volver a casa. Al contrario de la conducta facial promovido en algunas culturas, otros grupos ofrecen una crianza que pueden aumentar la posibilidad de conflicto docente-alumno. Por ejemplo, en la cultura hispana, que tiende a ser macho dominante, los adolescentes pueden resistirse a cumplir con las órdenes de educadoras. Con estos los estudiantes, la cooperación es la mejor obtenida a través de métodos autoritarios que "pedir" en lugar de exigir su cumplimiento.

Mientras que toque a menudo se recomienda como un procedimiento de refuerzo, especialmente a los grupos culturales que utilizan una gran cantidad de contacto corporal, puede ser contraindicado para Asia los estudiantes. Aquellos cuyo patrimonio se vio influenciado por Confusionism ver el cuerpo como algo más sagrado, como uno se acerca al área de la cabeza donde el alma se cree que vive como un ejemplo de intervención cultural irrespetuoso, consideran que en la mayoría de la cultura americana, un niño se espera que mire la figura de autoridad al ser castigado. Baja los ojos están asociados con engaño o la falta de atención. Para tener contacto con los ojos, es posible que el instructor del levante el estudiante chin y dicen: "Mira a mí cuando estoy hablando con usted." El educador puede no darse cuenta de que en muchos Asiáticos, negros y hogares hispanos, se les enseña a los niños a bajar sus ojos al ser sancionado como un signo de respeto, y otros comportamientos sistemas de gestión que recomendar el ojo contacto al mismo tiempo que disciplina, sin saberlo no respeten el comportamiento promovido en el estudiante la medio ambiente en el hogar. Por otra parte, el profesor probablemente no se dan cuenta de que los ojos de Estos estudiantes durante situaciones disciplinarias normalmente indica desafío en vez de respeto. El educador puede no darse cuenta de que muchas culturas diversas disciplina los niños sonríen durante situaciones, no para expresar rebeldía, sino más bien debido a la ansiedad, el apaciguamiento los intentos o confusión En cuanto a por qué el instructor se enfrenta a ellos. Patrones de conducta y las acciones que se consideran ser anormales varían por la cultura. Cuando los educadores y sus cargos de diferentes procedencias, es de esperar que cada uno de ellos se suelen mostrar comportamientos diferentes a los de los demás la cultura.

Este país fue fundado en el individualismo de los pioneros anteriores y de los colonos, muchos De los cuales procedían de Europa, y por una cultura que conservan su valor. Las familias tienden a ser menos Son interdependientes o estrecho que en muchas sociedades.

Hay una gran cantidad de libertad de expresión (y opinión) en este país, incluidos Creencia religiosa que es tolerada en la medida en que no se molesta y la gente se respete uno Otro. Debate Abierto de diferentes creencias y prácticas, y cuestionar nuestra propia creencia y ¿Por qué se hacen las cosas es común, especialmente en los jóvenes de este país. A veces los recién llegados a nuestro país se sorprende de la cantidad de normas y reglamentos que rigen vida cotidiana, de cómo cruzar una calle si pueden fumar en un restaurante público.

Aprender estas reglas puede llevar tiempo.
También ciertos valores culturales, como la discusión de la sexualidad, cómo las mujeres (y los hombres!) vestido, y Programa calificaciones en las películas y en la televisión pública puede ser muy diferente de la original País. Para hacer las cosas aún más complicadas, hay muchos diferentes grupos étnicos y culturales Los grupos que conforman nuestra población y las normas pueden variar; algunos en función de qué grupo Con el que se encuentra. Es importante escuchar y aprender cómo se hacen las cosas aquí, de hacer preguntas cuando Si no está seguro, y a ser paciente con usted, ya que aprender lo que es aceptable y no en este Nueva cultura.

Las personas en nuestra cultura tiende a ser directa, y de decir lo que están pensando o sintiendo más de En algunas culturas, y esto se considera aceptable. Siendo sincero y honesto (pero no tan cruel sin filo) es Considerado una buena cosa. También se pueden debatir las cuestiones de manera amistosa, e intercambiar Las ideas. A veces la conducta puede parecer grosero porque son más abiertos, pero Por lo general los comentarios son bien intencionadas y no es para ser irrespetuoso.

Muchos americanos están pensando hacia adelante y pensar que una persona puede controlar su propio destino por Trabajando duro y la planificación para el futuro. Además, valoran su tiempo (sobre todo de la privada) y Creo que "el tiempo es dinero". Lo que admiro a las personas que se presentan a trabajar temprano o a la hora, y que Administrar su tiempo.

Somos una cultura móvil y la gente se moverá si su trabajo depende de ello. Algunas familias mover Una vez cada varios años debido a su trabajo o a otros factores. Y las familias de los militares se mueve Un poco, ya que están estacionados en nuevas bases de tiempo en tiempo.

Escuela Americana

 Escuela de los Estados Unidos puede comenzar con preescolar (de 3 años) o en el jardín de infantes (de 5 años de edad), aunque es No es raro que los niños menores de 3 años de estar en cuidado infantil o guardería si ambos padres trabajan Y no hay abuelos que viven en sus alrededores para ayudar en esta tarea. En el momento en que los niños llegan a La edad de cinco años, que han aprendido mucho. Han llegado a la madurez por dominar el Lengua propia, que mantienen relaciones con sus amigos y familiares, y cómo entienden y reaccionar a situaciones familiares. Los pobres y los niños de las minorías podría satisfacer las necesidades educativas habituales para su hogar y otros alrededores pero, cuando se colocan en la escuela, es mucho más difícil para estos niños, con el fin de adaptarse al ambiente. Cuando los niños ingresan a la escuela, los maestros asumen estos requisitos se han cumplido. Este es un gran problema, porque algunos niños de culturas diferentes puede no ser así con esta información. Este es el lugar donde la comunidad se ajusta. Los niños necesitan estar preparados para todos los aspectos de la escuela. Preparación para la escuela se puede aumentar por una calidad superior educación preescolar y cuidado de niños. Los niños deben venir a la escuela listos para aprender. Si se integran en sus familias y comunidades, sabemos que son buenos alumnos. Sólo tenemos que preocuparnos por una pequeña minoría de los niños que tienen las condiciones de incapacidad, o que viven en ambientes extremadamente peligrosos y, por lo tanto, no han aprendido lo que su comunidad le enseña.

Cuando el niño ha tenido conocimiento y habilidades no lo prepare para una nueva posición, como en la escuela, Es extremadamente difícil. Un niño puede ser desarrollado en su entorno familiar, pero aún no están en condiciones de Adaptarse con facilidad a un entorno escolar o tener éxito en las tareas académicas valorada por los profesores. Los niños se convierten en lo que viven. Patrones de interacción cultural guía del niño en crecimiento, pero También convertirse en la raíz de sus definiciones de sí mismos. Cuando los adultos y los niños no Compartir experiencias comunes o para mantener las creencias comunes sobre el significado de la experiencia, son Rápido a malinterpretar intercambios culturales (Bowman, 1989). Algunos profesores no aprecian El verdadero las similitudes y las diferencias entre su comprensión del mundo y la de los niños Y a las familias que vienen de diferentes orígenes. Esta es la razón por la que necesitamos educar más a las Los maestros en los Estados Unidos. La mayoría de los profesores de los Estados Unidos provienen de un origen rural y no Entender los hábitos de aprendizaje de los estudiantes de las minorías. Necesitamos contratar a los maestros con experiencia en Los estudios culturales.

Las pruebas estandarizadas de los niños demuestra el peligro que representa la utilización de blancos, de clase media Los niños, como para juzgar otros niños. No es una coincidencia que los pobres y las minorías Los niños son comunes en determinados tipos de educación especial y en los que corren el riesgo de los programas. Estandarizado Pruebas no cultura distinta del desarrollo. El niño puede saber algo que es igual En conocimiento, pero si él o ella no sabe lo que es la prueba, suponemos que existe Algo anda mal.

Algunas minorías simplemente no hacer ningún esfuerzo hacia el sistema escolar. En su mayoría afroamericanos, hispanos y nativos americanos son las minorías que se aplica esto. Estos grupos tienen más probabilidades de no aprendizaje de habilidades asociadas con la clase media blanca desde sus esfuerzos No pagar las mismas oportunidades que los demás estudiantes obtendrán (Ogbu, 1992). Por lo tanto, desarrollan una educación deficiente. La educación preescolar y primaria son críticas Si los niños son para ser exitosos en la escuela, y debemos revisar cuidadosamente el tratamiento de los niños Durante estos años. Preparación para la escuela se puede aumentar por una mayor calidad y educación preescolar Guardería (Kagan, 1991). Una manera de hacer que la diferencia sería cambiar el funcionamiento de la escuela Interactuar con otras organizaciones de la comunidad. Las relaciones con los servicios sociales, parques, bibliotecas, Centros de atención de día, las casas son muy importantes cuando se trata de la educación de las minorías.

Cualquier Escuela que no está haciendo una relación con estas organizaciones no pueden afirmar con seriedad que se educación centrada en el éxito de todos. otro recurso que la situación es de escuchar las voces De las minorías. Es muy importante que las comunidades minoritarias se sientan un mayor sentido de propiedad En caso de que las normas de las escuelas tienen como objetivo ayudar a preparar a sus hijos (Kagan, 1991). Participación de los padres y los miembros de la comunidad de estos grupos minoritarios es crucial para hacer el cambio. UN Última sugerencia sería la de seguir educando a los maestros y las escuelas para una mejor comprensión de los estudiantes de grupos minoritarios. Los maestros y las escuelas necesitan realmente para que participen en todas las comunidades y organizaciones de la comunidad. Esto daría a las minorías mucho mejor oportunidad de tener éxito en el aula y proseguir su educación. El tipo de cambio que queremos hacer no es fácil. Que requerirá de mucha habilidad y esfuerzo de todos de nosotros, si es que va a suceder. A menos que nos hablan de la relación entre la cultura, el desarrollo, y la educación, no podemos esperar para brindar el tipo de escolaridad necesaria para poder cumplir con seguridad, en el futuro.

Transporte de América

Transporte puede ser diferente porque algunos países no tienen sistema de transporte Como aquí en los EE.UU. Muchos países de todo el mundo con vistas a la norma y reglamento de transporte. Transporte cultura para reconocer, empezar por preguntarse cuáles son nuestros aceptada comportamientos en las carreteras? ¿Qué es lo que hemos convenido en usa de calles? Unos cuantos libros que considerar cómo llegamos al punto en el que nos encontramos hoy en el transporte cultura son de Peter Norton lucha contra Tráfico y Arcilla McShane el camino asfaltado. ¿Puede la calle a su propia

Transformar las historias las personas dirán unos a otros acerca de transporte si las normas culturales no son tener en cuenta? En las mesas de café - este es el lugar donde las personas dirán unos a otros acerca de la derecho formas de desplazamiento.

La manera en que interactúan en la calle es consecuencia de un marco mental más grande que reforzar de compra los coches más y más grande en el concesionario, en la que hablamos de los ciclistas como problema, confirmando el uno del otro que todos la conducción es una pena, pero no hay otra alternativa.

Aquellos de nosotros que bicicleta sabemos que ese no es el caso. Con nuestros cuerpos en nuestras bicicletas, nos mapa qué es posible. Que hacer visible las líneas entre el hogar, el trabajo, de compras y diversión. Y en tiendas especializadas, co-ops, en los paseos, en todos los lugares donde la gente hable y la llave y raza, andar en bicicleta es Normal. Pasar el tiempo en estos espacios los combustibles us y nos da el vocabulario para hablar a otras personas de ir ¡Qué gran cosa ciclismo puede ser.

La inversión en transporte público por el gobierno federal ha pagado con la nueva rampa y las líneas de autobús rápido o extensiones que se han abierto en los últimos años. Estos nuevos servicios tienen no sólo ha creado un mayor acceso de la gente de usar transporte público, sino que han llevado a económico desarrollo que ha transformado y revitalizado la comunidad. No hay transporte público simplemente trasladando a la gente, sino también positivamente formación las comunidades en que vivimos

American music

Muchos recién llegados disfruto enormemente música americana. Música siempre ha sido parte de American cultura. En el 19th-century America, ragtime fue una locura nacional, música se enseña en las escuelas, y los hogares tenía 5 millones pianos. Después de la Revolución Industrial, surgió una cultura musical que incorpora una gran variedad de géneros "raíz", de jazz y música latina a país occidental y bluegrass a folk y música gospel. En el siglo 20, los géneros se reúnen en el estética dominante del Blues. Los "blues" llegaron desde las entrañas de la soul.

Los "Blues" unido a todos los estilos raíz, y reunió a diversos músicos, negro y Blanco, bajo un lenguaje musical. Este afán por el Blues emitió un profundo procesamiento de injusticia racial, se expone a la ironía de la vida en una nación profundamente segregada en la que los artistas intérpretes o ejecutantes
De todas las regiones y clases eligió para expresar [ellos] a través de una música, de raíces Afro.

Principios del siglo 20 fue una época dorada de la experimentación, cuando los músicos de todas las razas fueron sorprendentemente libre de jugar juntos y para pedir canciones y técnicas. Géneros musicales fueron sólo etiqueta para que el registro las empresas pudieran vender.

Después de la Segunda Guerra Mundial, sin embargo, las cosas han cambiado. Estados Unidos se convirtió en un país de alto nivel de educación, ciudadanos más ricos que, gracias a la subida de los suburbios, fueron más separados que nunca. Música de Los Estados Unidos, un bastión de la integración racial y una celebración de la diversidad regional, la pérdida en el medio cada vez más popular de la televisión, que se presentó como "pan blanco" retrato de vida en los Estados Unidos que llegaron a dominar la imaginación popular.

Disturbios en el decenio de 1960 finalmente los estadounidenses de su tradición musical. Después de que los soviéticos Lanzó el Sputnik, las escuelas de los Estados Unidos hacia las matemáticas y las ciencias de la música y las artes. Los jóvenes Las personas, atrapadas en la rebelión, han desarrollado sus propias tradiciones musicales de rock y folk para romper con lo que vieron como un corrupto. Nuestra música, diseñados genéticamente para que nos juntos, se convirtió en la principal herramienta para mantenernos al margen. Después de la Guerra de Vietnam, lo que Se mantuvieron las generaciones cuyas políticas, sociales, y programas musicales apenas sobrevivió más allá sátira, más allá del comercio, más allá la apatía.

Los estadounidenses modernos no podemos apreciar un pasado musical que no sabía que existiera, Marsalis dijo la multitud. De hecho, una gran parte de su misión es llevar a la importancia de ese pasado común a la vida por chispas conversación no sólo en el caso de los músicos, pero con líderes en la educación, los negocios, y Otros campos. Hay lecciones instructivas para futuro cultural de América que sólo puede encontrarse en conocer y abrazar la raíz estilos, y en el dominio de la información regional y nacional de nuestra identidad como cantado por nuestros más grandes poetas. A medida que pasa el tiempo.

TV americana

TV es una presencia constante en la vida la mayoría de los estadounidenses. Con su rápido movimiento, visualmente interesante, estilo muy divertida, con muchas personas de atención por varias horas cada día. Los estudios han demostrado que la televisión compite con otras fuentes de la interacción humana, como por ejemplo familia, amigos, de la iglesia y de la escuela para ayudar a los jóvenes a desarrollar valores y forma ideas Sobre el mundo que les rodea. También influye en las actitudes de los espectadores y las creencias acerca de sí mismos, así como de las personas de otras entidades sociales, étnicas y culturales.

Entre los años 1940 y 2000, comerciales de televisión y tuvo un profundo impacto de gran alcance sobre la sociedad americana y la cultura. Que influye en la manera en que piensa la gente de esa importante las cuestiones sociales como raza, género y clase. También desempeñó un papel importante en el proceso político, en particular, en la campaña electoral. Programas de TV y anuncios publicitarios también han se ha mencionado como los factores principales que contribuyen a aumentar el materialismo Americano (opinión que lugares más valor en adquirir bienes materiales que en el desarrollo de otras formas). Por último, televisión ha contribuido a difundir la cultura en todo el mundo.

Las minorías raciales en el televisor

Hasta la década de 1970, la mayoría de las personas que aparecen en programas de televisión estadounidenses fueron caucásicos (blanco). Ser de raza blanca se presentó como normal en todo tipo de programas, entre los que se incluyen noticias, deportes, entretenimiento y anuncios. Las pocas minorías que apareció en TV los programas tienden a ser presentados como los estereotipos (generalizado, por lo general las imágenes negativas de un grupo de las personas). Por ejemplo, a menudo los actores Afroamericanos desempeñado funciones como sirvientes domésticos, mientras que Los Americanos Nativos a menudo aparecían como guerreros en Westerns.

Algunos críticos sostienen que el racismo abierto (trato injusto de personas debido a su raza) fue el razón por la que tan pocos las minorías" en la televisión. Pero los analistas de la industria ofrecen televisión varias otras explicaciones. En la década de 1950 y 1960, por ejemplo, las redes de difusión trató de crear programas que atraen a una amplia audiencia. Antes se ha convertido en herramientas de investigación Disponibles para recopilar información sobre la raza y el género de las personas que están viendo, red los programadores supone que la audiencia estaba compuesta en su mayoría de blanco los espectadores. También blanco considera que muchos espectadores no estaría interesado en ver muestra acerca de las minorías. En Además, las redes no quieren correr el riesgo de ofender los espectadores o los anunciantes potenciales en el sur que apoyaron segregación (la separación forzada de personas por su raza). Cualquiera que sea la razón, de programación de televisión en gran medida caso omiso de las preocupaciones de la vida real y las contribuciones de Las minorías raciales de los Estados Unidos durante muchos años.

Hubo algunos de los primeros programas de televisión que contó con las minorías. La popular comedia de situación (Sitcom) I Love Lucy, que se transmitió desde 1951 hasta 1957, co-protagonizado por el comediante Lucille Ball (1911-1989) Y su vida real esposo, orquesta Desi Arnaz (1917- 1986), quien era hispana. El nat "King" Cole, una variedad musical serie que comenzó en la cadena NBC en 1956, fue acogido por el conocido artista negro Nat King Cole (1919- 1965). A pesar de que el programa atrajo Muchos de los principales actores de la época, ésta fue cancelada después de un año, debido a que no ha podido encontrar un patrocinador (una empresa que paga para producir un programa con fines publicitarios). UNA muy popular el programa de variedades, el programa de Ed Sullivan, incluyó una serie de artistas negros como invitados. Aún así, los americanos africanos en su mayoría aparecí en televisión en el papel de animadores.

Esta situación empezó a mejorar lentamente durante el movimiento de derechos civiles (1965- 75), cuando los afroamericanos lucharon para poner fin a la segregación y obtener igualdad de derechos en la sociedad estadounidense. TV los programas de noticias proporciona una amplia cobertura de protestas por los derechos civiles, que ayudó a convertir público opinión a favor de la causa de la igualdad. Como la toma de conciencia de la discriminación racial (trato injusto en base a la raza) aumentaron, más críticos sociales empezaron a quejarse por la ausencia de las minorías personajes de la televisión. Argumentaron que una imagen equilibrada de personajes minoritarios en TV Los programas pueden ayudar a aumentar la autoestima de los telespectadores de las minorías, favorecer la comprensión, y mejora de las relaciones raciales en los Estados Unidos.

Durante el decenio de 1970, programa de televisión comenzaron a utilizar esas calificaciones visor características como la edad, los ingresos, la educación, y a la etnia para romper la audiencia masiva en grupos más pequeños. Una vez que el Las redes pueden recopilar datos más detallados acerca del público, que comenzó a crear programas para llamamiento a grupos específicos. Alrededor de este tiempo, las redes también cambió su enfoque general de de las antiguas zonas rurales hacia los espectadores y los televidentes más jóvenes, urbanas, que eran vistos como más probable que gastar dinero en productos de patrocinadores. Este cambio en la audiencia el led de enfoque para abordar las redes más a menudo discutidas en sus programas.

Como resultado de ello, varios programas con personajes y familias minoritarias apareció por primera vez en la década de 1970. El cómico Afroamericano Flip Wilson (1933- 1998), que fue organizado con éxito una gran variedad mostrar que se transmitió en la cadena NBC desde 1970 hasta 1974. La Flip Wilson Show llegó a ser el número dos en el las clasificaciones nacionales de televisión y ganó dos premios Emmy. Algunos historiadores crédito por ser el líder Wilson negro de cómicos que más tarde había televisión carreras, tales como el de Arsenio Hall (1955), Eddie Murphy (1961-), Chris Rock (1965-), y Dave Chappelle (1973-). Sin embargo, otros críticos afirman que Wilson comenzó una tendencia desafortunada en la que un número cada vez mayor de Artistas africanos en la televisión americana ha desempeñado el papel de comic tonto.

Los alimentos en los Estados Unidos

Cocina Americana ha sido influenciado por los europeos y americanos nativos en su historia temprana. Hoy en día, hay una serie de alimentos que generalmente se identifica como American, como hamburguesas, perros calientes, papas fritas, macarrones con queso y pan de carne. "Tan americanos como apple Pastel" ha llegado a significar algo que es auténticamente Americana.

También existen estilos de la cocina y los tipos de alimentos que son específicas de una región. De estilo sureño cocinar es a menudo llamado "cocina Americana" e incluye platos como pollo frito, col rizada, black-eyed peas y pan de maíz. Tex-mex, popular en Texas y el Suroeste, es una especie de mezcla entre el Español y estilos de cocina Mexicana e incluye elementos tales como chile y burritos y se basa en gran medida en lonchas de queso y frijoles. Las sacudidas, carnes secas que se sirven como aperitivos, es también un alimento que fue creado en los Estados Unidos, según NPR

Hay algunos argumentos sobre nuestro sistema alimentario y su efecto en la vida y la salud en los Estados Unidos- argumentos que saltan de la obesidad de la diabetes tipo 2 a los organismos modificados genéticamente en los desiertos de alimentos e-coli de alta La fructosa de jarabe de maíz que es fácil perder un alentador verdad, que podemos estar agradecidos por en este temporada de comer. La verdad es que Estados Unidos está en el medio de inventar una nueva cultura de la alimentación, y nadie, ni el lugar ni la comida ni los activistas Asociación de Fabricantes de Comestibles Estados Unidos, puede predecir cómo una fuerza poderosa para el cambio, puede ser. Esta cultura de la alimentación, que se propaga a través de la tierra, como la flor de un soft-queso madurado, tiene el poder de curar una gran cantidad de males Ee.uu. Cambio cultural profundo es la única fuerza que puede superar las generaciones de políticos y de mercado inercia que ha llevado a nuestra condiciones de sobrepeso. UN gusto para una mejor alimentación podría levantar us de la los adolescentes los excesos de nuestro siglo 20 los hábitos alimentarios, y comenzar a reducir la obesidad, que ha Sido el resultado.

La cultura de la comida en el siglo pasado se ingiere la fábrica a la mesa toda promesa, un promesa que parecía estar validados por los triunfos de ciencia de la nutrición: la dieta es perfectible para la brillante y con un ritmo trepidante vida que fue destino de Dios para los estadounidenses. Diariamente se nos pasaría a vitamina- Esponjoso pan blanco enriquecido y repostería para tostar y desayuno bebidas en polvo; almuerzo en fabricados en masa y las hamburguesas, que acoje un bocadillo en anfitriona, cenar en enormes filetes de ternera. Nos gustaría cambiar el agua con soda, y hacer que nuestro sabor a cerveza como agua. Nos gustaría conquistar el mundo por el alto octanaje, en gran parte de nuestros cuerpos en crecimiento. El anónimo científico de alimentos fue el cocinero jefe de facto de la nación. Ninguno de la fábrica alimentos, Por sí sola, o es malo; en conjunto, sin embargo, y a dominar nuestra dieta resultó ser Una historia diferente.

La perfectibilidad reveló su dieta defectos fatales cuando las tasas de enfermedades crónicas (enfermedades del corazón, mucho más recientemente la diabetes de Tipo 2) se disparó y se vincularon como a principios del decenio de 1950 a la una, supercharged supersalted, los jabones supergrasos generan alimentos nos encantó. Pero también nos despierta, lentamente, hasta el limitaciones en su variedad y en cuanto a sabor de la comida que comíamos. Próspero estadounidenses viajó recientemente y han encontrado profundas culturas alimentarias en el exterior, en Europa, la India y el Sudeste de Asia. Tal vez pasta en las latas no era la mejor pasta? Entre los viajeros eran gente como Alice Waters, quien llevó al real casa de la palabra y ha insistido en que una nueva historia sobre los alimentos en los Estados Unidos era posible. El medio ambiente movimiento floreció, arrojando luz sobre los problemas de la agricultura y la pesca, y empezando a conectar la idea de que calidad de suministro de alimentos depende de la calidad de la agricultura
Prácticas.

Toma tiempo para valores de, y las historias sobre, la autenticidad, la artesanía, el patrimonio y el sabor a lucha su camino a través de un sistema tan brillante y sólida como la fábrica americana a la mesa los alimentos cultura. Se necesitan décadas para inventar una nueva cultura de la alimentación. Ahora estamos 40 y 50 y 60 años Alice Waters, Julia Child, Craig Claiborne y Rachel Carson. No deje que las tortugas ritmo ciego usted a la aceleración de los cambios en curso. La variedad de alimentos en cualquier decente supermercado es asombrosa. Artesano elaboración de alimentos se ha convertido en tan fresco como creación de aplicaciones para iPads. Los jóvenes están encontrando motivos de granja y participar en la movilización de los agricultores al mismo tiempo los mercados están proliferando como zucchini. Los Chefs son estrellas de rock, incluyendo innumerables indie chefs locales que no tienen conexión a televisión en la red alimentaria.

El local/global groove que define la nueva cultura de la alimentación de los inmigrantes combinación mayores conocimientos y tradiciones regionales americanos, con el "mashup" los gustos de Internet-fomentar entre los jóvenes y dominante es la ranura de la nueva comida. Me importa lo que ocurre en Nueva York y San Francisco y Chicago y Nueva Orleáns, pero te quiero más que esas cosas son también de la ciudad de Atlanta, Miami, Minneapolis, Austin y ambos Portlands: Nombre su ciudad. El nuevo cultura de la comida es trans-demográficas: las cosas buenas vienen de Korexican taco trucks tanto como de las experimentaciones de Grant Achatz. Chefs como Andy Ricker del Portland y brooklyn restaurantes tailandés llamado Pok Pok: estas personas son los mejores de todos, como sumergirse en aguas más profundas autenticidad en lo que significa realmente en los Estados Unidos. La nueva cultura de la alimentación es incluyente, demasiado, venerar al conocimiento del gris de los pelos: selccionado el chef David Chang adora se describe a sí hillbilly Tennessee bacon dios Allan Benton.

Las empresas de alimentos desea que sea, debe ser sintonizado con esta nueva cultura de la alimentación. No pueden prosperar de lo contrario. Los críticos del sistema alimentario no reconocen el hecho de que grandes los alimentos no pueden dictar los gustos a un nueva generación más que los partidarios de Pat Boone podría determinar qué cantante de Boone presley o de explosión podría definir la cultura de la música de los 50 años que siguieron. Tenemos que Espero que los problemas como la obesidad, más de una generación o dos, son susceptibles de mejora por el gusto por Una mejor alimentación en diferentes proporciones; espero, porque no hay médicos nuevos o tratamiento legislativo. Yo no estoy diciendo que los activistas alimentos no deben preocuparse por sus luchas sociales justicia en el sistema alimentario: En esta economía, en este país, con sus bolsas de pobreza y su alimentos los desiertos, Dios les bendiga. Pero deben ser consolados que fuerzas más grandes están con ellos, Vientos más fuertes se encuentran en la espalda, que la mera política y el cabildeo. Cultura está cambiando. sabor plantea conciencia. Aquellos de nosotros que amamos la comida sólo puede maravillarse y disfrutar. La elección puede ser, pero nosotros votamos con nuestro horquillas tres veces al día, no sólo en la temporada de vacaciones, pero cada día del año. Con la temporada de vacaciones, así que será interesante saber cómo muchos estadounidenses se alcanza un nuevo recetario para planificar las vacaciones o de la fiesta, la última Chef DVD-caja para su lista de regalos. Después de todo, amor de los estadounidenses de la comida y la cocina sigue siendo sin duda alguna. De acuerdo con Nielsen BookScan, que compila las estadísticas de la industria de la publicación, las ventas de "La cocina/entretenimiento" los libros se han incrementado un 4 por ciento en los EE.UU. este año. Aunque esto indica un aumento de un "entusiasta cultura", ¿qué decir de los alimentos en los Estados Unidos Cultura? ¿Significa esto que tenemos uno?

En un artículo reciente en el tiempo, el escritor Josh Ozersky despertado este debate con los chefs de todo el país, al sugerir que todavía tenemos que declarar nuestra independencia culinaria. Tal vez es cierto. Pero no es America fundada sobre las creencias de otras sociedades? Incluso Henry Ford, como Chef michael Schwartz, de Michael la verdadera en Miami nos ha recordado en respuesta al artículo publicado en la revista TIME, admite que, "ME HE inventado nada nuevo, simplemente montado en un coche con el que los descubrimientos de otros hombres detrás de los cuales eran siglos de trabajo.

Podría argumentarse que las culturas de la comida italiana, griega, a los europeos, en general, se desarrollaron porque de los que se instalaron allí y su cultura con ellos. Y, como se trasladaron hacia el oeste, más se ha aprendido y lo llevaron al siguiente punto. En definitiva, esas influencias aterrizó en América, trayendo con ellos un crisol de sabores, ingredientes, técnicas y métodos. Incluso cocina Italiana, con una rica historia culinaria que se remonta en los últimos 2000 años, fue influenciado por los antiguos griegos, romanos, judíos y árabes, que, a su vez, Cocina francesa con influencia.

Muchos de ellos se establecieron las culturas y las tradiciones de lo que se puede conseguir y necesarios para preservación. Ni siquiera la primera "americanos" comida, la cena de Acción de Gracias, estaba lleno de influencia Inglesa y presencia, mientras que los indígenas los ingredientes nativos de las aves y caza, pescado y mariscos, las hierbas, las tuercas, las ciruelas, melones, uvas, arándanos, puerros, cebollas salvajes, los frijoles, las aguaturmas y pistas de squash fueron utilizados por el acceso y la disponibilidad.

Desde ese primer Día de Thanksgiving en 1621, hemos sido introducidos a los ingredientes y sabores que nos nunca podría haber sabido moderno sin posibilidades de viajar y la capacidad de almacenamiento. Hoy en día, hay algunos ingredientes que no se tiene acceso o experiencia. Esto se pone de manifiesto en los EE.UU. en menús de restaurantes tanto en el frente independiente y en la cadena.

Aunque no hay duda para el establecimiento de una "cultura de la alimentación", la realidad es que American cocina está muy presente en el menú. Mintel Menú Ideas publicado recientemente sus 10 Tipos de Cocina menús de restaurantes con cocina americana en la parte superior de la lista de un 27% aumento de Q2 2008-Q2 2011. Cocina Regional Americana también fue incluido con suroeste y barbacoa. Y la realidad es que al realizar el pedido Italiano, un mexicano y un chino de el menú, los consumidores son más a menudo americanizado versiones de estas cocinas. Como Esperamos que 2012, podemos esperar que influencia Asiática a estar más presentes que nunca a través de la moderna toma de cocina tailandesa y la creciente aparición de Indian street comida en el menú.

Tal vez más que nunca, nuestra "cultura de la alimentación" puede ser capturado por el reconocimiento de una actitud que nuestro comedor es conducir las decisiones. Por ejemplo, en una reciente discusión con un Medio Oeste American college de grupo de edad, se planteó la cuestión, " ¿Qué es lo que uno semana de comidas como para usted?" La respuesta recibida fue indicativo de las opciones de los consumidores estadounidenses sobre una base diaria. Con los ojos buscando el techo como ella relató su semana, respondió ella, "Halal, mexicano, chino, italiano/Pasta, los perros de maíz." extensa selección es sólo el American camino.

En comparación con las culturas establecidas de las sociedades europeas y asiáticas, Estados Unidos es sólo para empezar. Con el creciente interés por la comida y la cocina como un consumidor pasión, solo podría estar empezando a desarrollar la ruta de reconocimiento. Autor Christopher Powell, un colaborador el lanzamiento de Williams-Sonoma , fue citado recientemente por el Christian Science Monitor, diciendo, "Los alimentos se ha convertido en todo un estilo de vida. Ya no se trata sólo de preparación o consumo".

Mientras que la ruta sigue siendo allanado, seguiremos siendo contenido con las riquezas de los crisol, sabiendo que América del paisaje culinario fue fundada inicialmente en nuestra independencia a explorar. vamos a continuar teniendo orgullo en nuevos senderos, poniendo un inesperado giro a la espera y nuestro hacer algo irrefutable. Imaginación, creatividad, experimentación, y sin límites expresión, en el centro mismo de los de más actividad restaurantes en todo el país (incluyendo el aumento comida gourmet de la carretilla). Este camino de auto-descubrimiento es sin duda una de las que está a la altura de celebración, en la cual los consumidores seguirán para ponerse a la cola y experimentar los resultados.

Estados Unidos es con vistas a la causa real de su cintura en expansión, dijo Kelly Brownell, PhD, en APA Anual de 2001 de la Convención. El problema no es tanto la falta de control de sí mismo, que dice. Se trata de un "medio ambiente alimentos tóxicos" -las tiras de restaurantes de comida rápida a lo largo de América las carreteras, el aluvión de burger espacios publicitarios en la televisión, y las filas de los caramelos en la caja En contra de cualquier tienda de conveniencia.

"Quien pensó que se podía ir a comer en una estación de gasolina?" dijo Brownell, una universidad de Yale profesora de psicología, agregando que, con un nuevo concepto que se prueba de mercado, "Mientras estés bombeo de gas en su inserción en los fritos, los acoje y el coque, y alguien que la lleva a el coche. Por lo tanto, la actividad física necesaria para ir es eliminado."

Para estar seguros, Brownell reconocido, los genes y el auto-control juegan un papel en la obesidad y la diabetes y otros problemas de salud. Pero, en su opinión, ambos se enfrentan una batalla perdida contra la ubicuidad de la mala comida. El problema de las intervenciones médicas y psicológicas para las personas, dijo, es que los costos de los tratamientos son mayores que los beneficios, y ganancia de peso recaída las tasas siguen siendo altas. Lo que se necesita en lugar de ello, dijo, son políticas de mayor escala que promuevan soluciones alimentos saludables y comportamientos en la sociedad.

"Para nosotros es importante ver esto, de una salud pública punto de vista, donde no estamos tan trata de cómo una persona con sobrepeso, pero, ¿cómo es la población con sobrepeso", dijo brownell. "La genética es lo que permite que se produzca el error, pero es lo que impulsa."

De particular interés para Brownell es la aceptación pasiva de alimentos poco saludables. Los estadounidenses dejar de reconocer, por ejemplo, los posibles daños causados por este tipo de comida rápida como Ronald iconos McDonald. "Cada uno de nosotros, por Joe Camel de la billboard ya que es el marketing de nuestros productos malos los niños, pero Ronald McDonald se considera lindo," dijo Brownell. " ¿Cuan diferentes son ellos en sus efectos, en lo que están tratando de hacer que los niños?" Ciertos "signos tóxicos" alarma Brownell:

Como una prueba más de que medio ambiente tiene la culpa, Brownell señala que la obesidad ha aumentado en particular en otros países, incluida China, y que los migrantes a los países occidentales tienen mucho más Las tasas de obesidad que sus familiares en su país de origen.

Particularmente vulnerables a este problema son los niños estadounidenses, dijo Brownell. Las empresas Sosa y los restaurantes de comida rápida de tinta cada vez más contratos con las escuelas y el engranaje publicidad para los niños. "El más intrépidos los padres no pueden ganar esta lucha", dijo.

En una nueva cultura, el ajuste que tenemos que hacer es enorme y muy estresante. Muchas personas hacer frente a estos nuevos factores estresantes sentir cierta ansiedad, lo cual es normal y se la ha denominado "cultura Shock".

Los síntomas de shock cultural será diferente para cada persona, y pueden incluir sentirse sola o ligeramente deprimido. Sensación de estrés o irritable, y querer aislar de los demás son otros los síntomas más comunes. Usted puede sentirse abrumado tratando de absorber todos los nuevos aspectos de la vida en este país. A veces se puede sentir nostalgia y creo que hasta con nostalgia de su país natal. Hasta puede sentirse inseguro de sí mismo, intenta averiguar cómo funcionan las cosas aquí. Pero se trata de un proceso que cada inmigrante tiene que ir a través. El camino no es fácil pero es más corto de lo que piensa. Un gran estado de ánimo puede ayudarle a superar este reto inesperadamente porque no está lejos de superar.

Hay etapas de adaptación a una nueva cultura que son normales y que la mayoría de la gente pasar a través de (no dura para siempre, pero lo parece. a veces). Entre estos se incluyen los siguientes: Todo es simplemente fantástico. Esta es la maravillosa etapa "luna de miel" cuando todo parece maravilloso, y la novedad del nuevo país es emocionante y agradable. Usted puede sentirse muy contentos de estar aquí, y las nuevas oportunidades que le están esperando. Cuando se vaya a las tiendas y de la visita, puede ser impresionado por todo lo grande que es, y por qué se hacen las cosas aquí. Si la gente le hará preguntas, sonrisa.

Hostilidad

Los problemas que se producen por el lenguaje y las dificultades de comunicación, o a causa de diferencias entre su cultura nativa y aquí en los Estados Unidos. En este punto, usted puede comenzar a sentirse impaciente, irritable, frustrado, ansioso, triste, o el descontento, y a pensar que esta nuevo país puede no ser tan maravillosa después de todo. Los estadounidenses pueden parecer brusco, grosero, o demasiado diferente a las personas de su tierra natal, y de nuestra cultura puede parecer una masa de nuevas reglas que son difíciles de aprender. También puede sentir nostalgia de su país.

Comprensión

En esta etapa, usted comenzará a sentirse más "en casa" y capaz de conseguir alrededor, tanto físicamente, con el lenguaje, como en el emocional. Las cosas están empezando a tener sentido ahora, y que no se sienta como perdido o desconcertados por la forma en que se hacen las cosas aquí. En este momento muchas personas empiezan comparando sus antigua cultura con nuestra nueva, y decidir qué prácticas parecen ser mejores. Empezar a recuperar tu sentido del humor, y puede que incluso reírse de algunos de los malentendidos que se han tenido. En este punto, usted tendrá una mejor comprensión de nuestra cultura y darse cuenta de que no es ni todos bueno o malo. También puede comenzar a sentir que "pertenecen a ella". Se le han aceptado como su casa, y han aprendido a adaptarse a las diferencias en la cultura aquí.

Personas progresan a través de estas etapas a su propio ritmo. Algunos duran más tiempo que otros, y que se responderá única basada en su propia personalidad y métodos de hacer frente a los nuevos experiencias. Curiosamente, después de pasar por todas estas etapas, si una persona pasa volver a vivir en su país de nacimiento, que pueden pasar a través de una "re-entry shock" y necesitan ir a través de ellos a todas de nuevo!

Consejos para ayudar a la adaptación

Es importante que sea paciente con usted mientras se adapta a una nueva cultura y aprende a utilizar los recursos disponibles para ayudar a usted, ya sea una clase de lengua o comunidad étnica local grupo lo que puede dar un refrescante descanso lengua y cultura y ayudar a disminuir la soledad como ajustar en el país. Usted puede haber tenido algunas ideas preconcebidas acerca de nuestra cultura, basada en la lectura Libros, viendo las películas americanas, o hablar con otras personas que han estado en los Estados Unidos. Mientras algunas de las ideas de la vida en los Estados Unidos pueden ser exactos, otros pueden ser exageradas o poco realistas, y usted puede sentir un poco de sorpresa, como se aprende la realidad de vivir aquí.

¿Qué puedo aprender acerca de los Estados Unidos

29

Me doy cuenta de que estos sentimientos son normales. Todo aquel que llega a un nuevo país y cultura va a través de ellos en cierta medida, un sentido del humor ayuda. A veces las diferencias entre las culturas, o situaciones que pueden surgir, graciosas y puede ayudar a liberar algunos de tus sentimientos como adaptarse a las nuevas formas de hacer las cosas. Algunas de las diferencias entre las expectativas de su nuevo país, y la realidad. Puede haber pensado Los norteamericanos también actuaron una forma de hacerlo, o que nuestro país era de un cierto modo, y, a continuación, se dio cuenta de que las cosas son en realidad bastante diferentes aquí. Al darse cuenta de que los dos pueden ser muy diferentes puede ayudar a la adaptación a la realidad de la vida aquí.Trate de ponerse en el otro lugar. Imagine lo que sería como para su Nuevos amigos estadounidenses si de repente se coloca en su cultura. Esto le puede ayudar a ser un poco más abiertos de mente, y comprensivo con las diferencias. Involucrarse con los demás: ya sea con un hobby, un deporte de equipo, o cualquier otra actividad, hacer cosas con otros le ayudará a tanto con su adquisición del Inglés, y con el sentimiento de soledad que puede ocurrir.

Intereses mutuos son un una gran manera de hacer nuevos amigos, de manera que considere la posibilidad de tomar la clase de arte, o de voluntariado en un local Comunidad tener buen cuidado de ti mismo en alimentación nutritiva y obtener un montón de resto. Ejercicio, especialmente deportes en grupo o incluso caminar con otra persona, puede ayudar a reducir el estrés y ayudar a aliviar la soledad al mismo tiempo. Compartir cómo te sientes con la familia o amigos cercanos. El apoyo de los demás pueden ayudarle a adaptarse a nuestra cultura y también lamentamos la pérdida de contacto con los amigos o la familia en su tierra natal. Hacer nuevos amigos en el trabajo o en la escuela también puede ayudar a con el aprender a aceptar la nueva cultura y lengua. Establecer objetivos realistas, incluso si es aprendizaje de la ruta del autobús que va a su trabajo para el fin de semana, o de aprendizaje en siete palabras nuevas Inglés en los próximos cinco días. Esto puede ayudar a construir su confianza a medida que vea usted mismo alcanzar y lograr cosas nuevas en su vida.

La cultura abarca las costumbres y tradiciones de los Estados Unidos. Cultura Abarca religión, alimentos, lo que viste, la manera en que llevamos, nuestro idioma, el matrimonio, la música, lo que creemos que es correcto o incorrecto, cómo nos sentemos a la mesa, ¿cómo damos la bienvenida a los visitantes, cómo nos comportamos con Seres queridos, y un millón de otras cosas. El siguiente capítulo se abrirá con una de las más elementos importantes de la cultura América mantiene a la gente que, en el fondo moral junto a la camino de éxito, que es "religión".

El Capítulo 3

Religión en los Estados Unidos

Casi todas las religiones conocidas se practica en los Estados Unidos, que fue fundada en la base de la libertad religiosa. Alrededor del 83 por ciento de los estadounidenses identifican a sí mismos como cristianos, según un sondeo ABC, mientras que 13 por ciento respondieron que no tenían religión. Otro sondeo en el año 2012 reportaron resultados similares. También se encontró que el Judaísmo, es la segunda más identificados su afiliación religiosa, a aproximadamente 1.7 por ciento de la población. Sólo el 0,6 por ciento de los encuestados identificado como musulmanes. Mucha gente considera religión como catalizador del éxito. Según una estadística, muchas personas religiosas que enfrentan muchos desafíos de la vida encontrar un gran alivio en la práctica de su religión. Las iglesias en más de un lugar para la gente a practicar su religión fe, sino también una lugar donde la gente encuentra amor, esperanza, renovar y revitalizar a continuar su vida diaria rutina. El hecho de que ellos tienen un lugar especial para repostar después de haber sido golpeado por todo tipo de las circunstancias de la vida, que son resistentes a mantenerse firme en medio de las crisis o empezar una nueva vida. Es por esta razón que la tasa suicida entre las personas religiosas es más bajo en el mundo. No importa quién usted es, es posible que tenga que enfrentar algunos desafíos reales en tu vida, pero alguien tiene que estar preparado en caso que se enfrenta todo tipo de apariciones. Porque cuando la tormenta golpea, puede dejar algunas personas

Muertos, algunos paralizados y otros abandonados. Para la biblia dice, "los que el Señor bendice, heredar la tierra, pero los que él maldice serán destruidos. El señor hace los pasos de aquel que en el se deleita; aunque él podrá tropezar, él no se va a reducir, para el SEÑOR sostiene con su mano. Yo era muy joven y ahora soy viejo, pero nunca he visto justo desamparado o sus hijos pidiendo pan. Son siempre generoso y prestart libremente; sus hijos será un Bendición." (Salmo 37:22) Como resultado, el pueblo cristiano no están solos en su lucha porque tienen un Ser Supremo que vela por ellos y la búsqueda de ellos.

No siempre sucede que cada intento hacer hacia su objetivo va a ser un éxito. Puede sufrir pérdida menor o incluso una gran pérdida de ese proceso. Hemos visto que las personas reaccionan de diferentes maneras en diferentes situaciones. Algunos son muy resistentes mientras que otros son tan emotiva que ni siquiera son capaces de manejar la menor cantidad de incertidumbre. A pesar de que podrían experimentar algunos reveses, no podemos ser pesimistas lo suficiente como para que no hagan ninguna decisión por nuestra futuro. La pérdida es mayor en el caso de no tomar ninguna decisión versus la decisión equivocada. Por el camino, una cosa que podemos hacer es aprender de nuestros errores. A veces nuestro fracaso crea un Camino para nuestro éxito. No todas las personas a tomar uno de los intentos de éxito; puede tomar

Muchos intentos y errores antes de hacer su camino a la cima. En esos tiempos de desafío, la religión puede entrar en juego. Las personas se reúnen en la iglesia para rezar y pedir a Dios por todos los tipos de ayuda que necesitan para alcanzar sus metas. En ese momento de la reunión, quienes estaban desalentados y en encontrar la esperanza y la misericordia para revitalizar su sueño. En algunas iglesias, se siente mucho amor y alegría, no es raro que las personas a perder la esperanza en sus momentos difíciles, pero que recuperar la fuerza a trabajar de nuevo en su sueño. Es como un despertar.

El primer Gran Despertar se puede describir como una revitalización de la piedad religiosa que asoló a través de las colonias americanas entre los 1730s y el 1770s. Que el avivamiento era parte de un movimiento mucho más amplio, un evangélico aumento teniendo lugar simultáneamente en el otro lado del Atlántico, especialmente en Inglaterra, Escocia y Alemania. En todas estas culturas Protestantes en el medio desde hace décadas del siglo xviii, de una nueva era de la Fe se elevó a contrarrestar la Las corrientes de la época de la Ilustración, para reafirmar la idea de que ser verdaderamente religioso significa confiar en que el corazón en lugar de la cabeza, avalando en el sentimiento más que a pensar y se basa en la revelación bíblica en lugar de la razón. Una de las cosas que la Biblia nos enseña y yo ver tanta gente pone en práctica es la fe. Con fe, las personas a superar todas las formas de vida los obstáculos.

Para la biblia dice: "y cuando él los vio una higuera en el camino, se acercó a ella, y no encontraron nada al respecto, pero sólo las hojas, y dijo: esto, que no da fruto en adelante crecer en ti para siempre. Y luego se secó la higuera. Y viendo esto los discípulos, maravillados decían: ¿Cómo se secó luego la higuera!" Jesús respondió y les dijo: "De cierto os digo: usted, Si ye que tener fe, sin dudar, harã©is no sólo lo que es esto de la higuera, pero asimismo, si dirã©is: esta montaña, tãO y tãO, en la mar; ésta será hecho." (Mateo 21:19) Por lo que sabemos que la fe viene de Dios. Es el "don de Dios." Pero él le ha dado a cada creyente. Le ha dado a cada creyente la medida, o el mismo medida de la fe.

Tenga en cuenta también que Dios ha hecho (Rom. 12:3); no es algo que va a hacer. Estamos no tratar de obtener fe. No estamos orando por ella. Lo tenemos. Cada creyente tiene ya una medida del Dios-tipo de fe. Como ves, Dios comenzó a todos de la misma manera. Él no te da una persona más fe que el que da a otro. Él le da a cada hombre la medida de la fe. A continuación, la fe crece de acuerdo con lo que se hace con él. Muchas personas han hecho en el ámbito de la fe lo que el investigador de la Biblia con su talento (ver Mateo 25:25). Que han envuelto su fe en una servilleta, por así decirlo, y oculta. No se ha utilizado en todos. Depende de usted lo que se puede hacer con la medida de la fe que Dios te ha dado. Por eso la segunda cosa que quiero que sepan es esta: Esta medida de la fe puede ser aumentada. Pero usted es el único que aumenta, no Dios.

Ciertamente, Dios proporciona el medio por el cual puede ser la fe. Pero puede aumentar la fe por hacer dos cosas: alimentación, sobre la Palabra de Dios y el ejercicio, o ponerlo en práctica. Muy a menudo la Biblia usa los términos humanos para enseñar pensamientos espirituales. Por ejemplo, esto es ¿Cómo Jesús enseñó en Su ministerio terrenal, como podemos leer en los Evangelios. Podemos concluir que fe puede ser débil o fuerte. Estoy probando a usted por medio de la Escritura que la fe es Puede medir de que pueda crecer. Ya hemos mencionado que la Biblia habla de fe creciente (2 Tes. 1:3). Actos 6:5 dice Stephen estaba lleno de fe. James 2:5 menciona ricas en la fe. James 2:22 habla de una fe perfecta. Primera Timoteo 1:5 habla de amor sincero a fe, o la fe que es auténtico y sincero. Primera Timoteo 1:19 náufragos habla de fe y de celebración de la fe y de la buena conciencia. En primer lugar, John 5:4 fe habla de superación.

Sabemos que la medida de la fe dada a cada creyente puede crecer. La fe puede ser Fortalecido por la alimentación, en la Palabra de Dios, y de hacer ejercicio, o para ponerlo en práctica. F. bosworth dijo, "La mayoría de los cristianos de su cuerpo tres comidas calientes al día, y su espíritu una fría aperitivo a la semana. Y se preguntan ¿por qué son tan débiles en la fe." Bien, físicamente hablando, si comimos un bocadillo frío una semana, puede crecer físicamente débiles! Pero lo mismo es verdad en el espíritu. La Palabra de Dios es la fe, y si queremos que nuestra fe para crecer, que debemos alimentar más de una vez al semana!

Si usted desea que su fe crezca, usted tiene que comenzar en el punto en que se encuentran. Nadie sube una escalera a partir en el peldaño superior. Tiene que empezar en el peldaño inferior y subir si vas a llegar a la parte superior. Eso es lo que pasa que las derrotas un montón de cristianos bien intencionados, tratar de creer más allá Su fe. Recuerde, sólo porque alguien ha alimentado más de la Palabra de Dios y ha ejercido su fe no es un signo de que Dios le ha dado más confianza que le dio otra persona. No, la persona que se alimentan de la Palabra y ejerció su fe tenía la misma medida de la fe a los demás. Pero alimentó su fe y de su ejercicio, y su fe creció fuerte! Como resultado se podría creer a Dios para obtener más información. Por lo tanto, mantenga una actitud positiva sobre su propia fe. Reconocer que se tiene fe y que puede causar que ésta crezca. Alimenta tu fe y ejercicio, que en el momento en que se encuentran en su camino como Cristianos. Entonces su fe pueda crecer y mover montañas! Nuestra fe es importante para heredar la promesa de Dios, porque la Biblia es tan rica de las promesas de Dios, las personas creen fielmente y se basan en ellos para mantener su vida sin sentido a buscar riquezas terrenales y continuar viviendo una vida moderada a veces lleno de alegría.

Cuando Dios dijo a los Israelitas a entrar y poseer la tierra prometida, que parecía que los río Jordán era una barrera impenetrable entre ellos y la tierra de la promesa. Como se ve, la river fue a desbordarse, y no había manera de cruzarlo. Dios sabía que el Río Jordán estaba allí cuando le dijo a los Israelitas a la Tierra Prometida. Pero aún así le dio el mando a Josué: .. . . "Levántate, y pasa este Jordán, tú y todo este pueblo, á la tierra que yo les doy." (Josué 1:2).

¿Qué espera Dios de los Israelitas de que river? ¿No es interesante que sólo porque Que se toparon con un imposible, Dios no les dicen que puede salir. Ese imposible barrera no parece que te molestes Dios! No hace ninguna diferencia a Dios que el Río Jordán bloqueado los israelitas de paso en la Tierra Prometida. ¿Por qué? Porque no hay nada que las barreras Dios! Una vez más, Dios dio a su pueblo un plan para que por su fuerza y su sabiduría, que podrían lograr lo imposible. El Señor dijo a Josué para instruir a los sacerdotes que llevaban el el Arca del Pacto a cruzar el Río Jordán. El Señor ha dicho que tan pronto como los soles de sus pies tocaron las aguas del río Jordán en un montón, así que todas las personas pudieran pasar en seco. (Josué 3:13).

En el natural, que no tenía sentido para enviar los sacerdotes en un río en las inundaciones. Inundaciones etapa agua agua siempre es rápida. Es por eso que los medios de comunicación hoy anuncia cuando hay flash de alertas de inundaciones. Usted nunca debe entrar en un rápido movimiento de agua, ya que las inundaciones se Tire hacia usted. ¿Alguna vez se siente abrumado por las circunstancias de la vida? A veces parece como si la adversidad se presenta en como una inundación y trata de esconder todo lo que le rodea en su de entre ellos! Y quizás, a veces, sientes que estás colgando a la vida.

Cuando Josué dio este comando, puede entender por qué los sacerdotes podrían haber pensado, Josué, el río es rápido. Seremos arrastrados y se ahogó. Pero Josué había oído desde el señor, y que lo había visto al Señor la gran fidelidad en todos los milagros que habían realizado previamente para los israelitas. Josué estaba dispuesto a obedecer a Dios. Si la gente se había simplemente se quedó allí sin tomar un paso de fe, no habría sucedido nada. Tenían que ser obedientes a Dios y de mando dar ese paso de fe y meternos en el agua! Fe toma acción!

Tiene un río en inundaciones etapa entran en tu vida, que te hace un montón de problemas? En lugar de tomar una paso de la fe, se que en el banco llorando, :Señor, ¿algo sobre el río? ". Dios ya le dice que tome el Arca, por así decirlo, y cruzar el río. El Arca del pacto representa la presencia de Dios. Cuando tu has nacido de nuevo, tiene la presencia de Dios vive en usted, y usted tiene la palabra de Dios morando en su corazón. Si usted sólo obtendrá y dar el primer paso de la obediencia, la palabra morando en usted será una luz para los pies, mostrando exactamente dónde se va a tomar el siguiente paso. Y con el Espíritu Santo dentro de ti le mostrará cómo obtener En cualquier etapa de inundaciones en el río de la vida. Pero el Arca de la presencia de Dios no hará ningún bien hasta que paso a paso en la fe y en el agua.

Fe y obediencia a Dios en la escena. Dios vino a través de los sacerdotes en el momento en que entramos en el agua. El Jordán parted para que el resto de los israelitas podían cruzar en seco suelo. Tienes que mantener la Palabra de Dios y entra en el agua! A continuación, vamos a ver algo sucede en su vida. Usted puede permanecer al margen todo lo que quieras, esperar a que Dios hacer algo, pero el Señor está a la espera de su obediencia. El Señor prometió que si fuera de los problemas, circunstancias y problemas, sin importar lo que sea. si sus problemas son espirituales, físicos, financieros, o cualquier otra cosa, no se hace diferencia al Señor! No importa lo grande que sea el problema o las inundaciones parece ser, Dios le ofrecen usted! Allí de pie en el borde de la obediencia y la esperanza y las ilusiones no te pasara a través de su río y a la tierra prometida. Es tiempo de que usted, como un creyente, empiezan a hablar la palabra con autoridad sobre su situación. A continuación, obediente a salir en el poder del Espíritu Santo a recibir lo que le pertenece. Hoy es el día para comenzar con la promesa! Como creyentes, estamos espiritualmente ricos debido a la extremadamente grandes promesas que tenemos en Jesús, nuestro salvador.

"No estar preocupada por el hecho de que su vida, en cuanto a lo que habéis de comer o qué habéis de beber; ni por su cuerpo, de lo que habéis de vestir. No es la vida más que el alimento, y el cuerpo más que el vestido? mirad las aves del cielo, que no siembran, ni cosechan, ni recogen en graneros, y sin embargo su padre celestial las alimenta. ¿No está usted vale mucho más que ellos? Y ¿quién de ustedes por ser reocupada puede añadir una sola hora a su vida? Y por qué usted se preocupa de la ropa? Observar cómo crecen los lirios del campo; no trabajan ni hilan, pero os digo, que ni siquiera salomón con toda su gloria se vistió como uno de ellos. Pero, si Dios así viste la hierba de la campo, que está vivo hoy y mañana es echada en el horno, no lo hará mucho más vestir? De poca fe! No se preocupe, a continuación, diciendo, ¿qué se va a comer?" o ¿Qué se va a beber?" o ¿Qué se va a usar para la ropa?' para los Gentiles buscan con ansia todas estas cosas; para vuestro Padre celestial sabe que necesita todas las cosas." (Mateo 6:25) "El Señor es el uno de los que va por delante de vosotros, él estará con usted. No te dejará ni te desamparará. No hay que temer o estar consternados." (Deuteronomio 31:8) "No tengas miedo, porque yo estoy contigo; no ansiosamente Acerca de usted, que yo soy tu Dios.
YO os fortalezca, sin duda lo voy a ayudar, estoy seguro que va a preservar con mi diestra victoriosa." (Isaías 41:10) "Esta es la confianza que tenemos ante Él, que si pedimos alguna cosa conforme a su voluntad, él nos oye. Y si sabemos que él escucha nosotros, en lo que le pedimos, sabemos que tenemos las peticiones que le hemos pedido de él." (1 Juan 5:14) "El Señor Dios es un sol y escudo, el Señor da gracia y gloria; ninguna cosa buena no se le quita a los que caminan rectamente." (Salmo 84:11) "Bendito sea el Señor, que cada día lleva nuestra carga, el Dios que es nuestra salvación." (Salmo 68:19) "Bendito sea el Dios y padre de nuestro Señor Jesucristo, Padre de las misericordias y Dios de todo consuelo, que nos consuela En todas nuestras tribulaciones para que podamos consolar a los que están en cualquier aflicción con el consuelo que nosotros mismos somos consolados por Dios." (2 Corintios 1:3) "Si alguno de ustedes tiene falta de sabiduría, pídala a Dios, quien da a todos abundantemente y sin reproche, y se le ha dado." (Santiago 1:5) "Venid a mí todos los que estáis fatigados y cargados de pesadas, y yo os daré descanso. Llevad mi yugo sobre vosotros, y aprended de mí, que soy manso y humilde de corazón; y hallaréis descanso para vuestras almas." (Mateo 11:28) "estar ansiosos por nada, pero en todo lo Mediante la oración y súplica con acción de gracias sean conocidas vuestras peticiones a Dios. Y el paz de Dios, que sobrepasa todo entendimiento, guardará vuestros corazones y vuestras mentes en cristo Jesús." (Filipenses 4:6) "El justo florecerá como la palmera, que se crece como un cedro en el Líbano. Plantados en la casa del Señor, florecen en los tribunales de nuestro Dios. Aún se dan fruto en la vejez; se llena de sap y muy verde, a declarar que el Señor está en posición vertical; Él es mi roca, y no hay maldad en él..." (Salmo 92:12 -15) "Dios es nuestro refugio y fortaleza, nuestro pronto auxilio en las tribulaciones. Por eso no tememos, aunque la tierra y, a pesar de que las montañas caen en el corazón del mar; aunque su informe anual sobre las aguas y espuma, aunque las montañas quake en su hinchazón orgullo." (Salmo 46:1)

La mayoría de los creyentes están satisfechos con el hecho de ser bendecido por Dios, y sobre todo en lo material. Es por ello que tiendas de libros Cristianos están inundadas de libros sobre cómo uno puede ser curada de uno de enfermedades y se hacen ricos por el diezmo, etc. se hace hincapié en físico y material bienestar de la salud y la prosperidad. Este es el más claro síntoma de una vida centrada en sí mismo. Y, sin embargo, leemos en la palabra de Dios, que Jesús murió para que ya no debemos vivir para nosotros mismos, sino sólo para él (2 Cor. 5:15); en otras palabras, no a nosotros, sino sólo a Él. O lo que es lo en otro sentido, Jesús murió para librarnos de una vida centrada en sí mismo, y que nos sitúen a un Dios de vida centrada.

Una de las cosas que pueden ocasionar problemas estos días es la forma en que Dios bendice un montón de obra cristiana por lo que se compromete a fondo en su carácter. ¿Esto significa que Dios no es perturbado por los compromisos y las desviaciones de su palabra? No, ciertamente no significa que Dios bendice muchos ministerios que no puede totalmente de acuerdo.

Incluso cuando Moisés desobedeció la palabra de Dios y golpeó la roca (cuando Dios le había dicho a hablar con), Dios sigue "bendecida" que desobediente ministerio. De hecho, dos millones de personas fueron bendecidos a través. Sin embargo, Dios tratados con severidad Su desobediente siervo después (Num. 20:8). Dios bendijo Ese ministerio porque lo amaba esos dos millones de personas necesitadas, no porque haya aprobado lo que su siervo. Es incluso hasta el día de hoy.

Muchos ministerios son bendecidos por Dios ama a la gente necesitada que necesitan salvación, sanidad, etc. Pero ciertamente que él no aprueba de gran parte de lo que pasa en el nombre de Jesús, hoy. Él se ciertamente, castigar a los predicadores comprometer a su debido tiempo.

La única condición que debe cumplirse con el fin de obtener las bendiciones de Dios es material que uno debe ser bueno o malo! Jesús dijo que Dios envía de sol y lluvia al justo y al injustos (Mat. 5:45). Bendición Material, por lo tanto, no es signo de la aprobación de Dios sobre la vida. Dos millones Israelitas desobedecieron a Dios durante cuarenta años en el desierto de lo mucho que Dios estaba enojados con ellos (Heb. 3:17). Sin embargo, Dios les dio comida y sanación durante todos estos años- y también que milagrosamente (Deut. 8:2). Incluso soluciones milagrosas a la oración, en el ámbito de lo físico por lo tanto, no hay indicación de que Dios es feliz con la vida de una persona.

Aprobación de Dios, por otro lado, dependía de Jesús cuando él tenía treinta años de edad, sólo a causa de una de las razones: Jesús ha cumplido fielmente vencer cualquier tentación durante todos estos años. Había vivido una vida centrado en Su Padre y no en sí mismo. Él nunca lo hizo lo que le agradó él mismo (Rom. 15:3). En su bautismo, el Padre declaró: "Este es mi Hijo amado, en quien me complazco" y no "Este es mi Hijo amado que he bendecido." El último testimonio habría significado nada. Era la antigua, lo que indica la aprobación divina, que era todo para Jesús. A seguir Jesús es para buscar el mismo testimonio.

Como hijos de Adán, todos nacemos centrado en sí mismo. Hemos de cultivar de esperar todo lo que necesita para girar alrededor de nosotros y que nos atendiera. Cuando nos hemos convertido, esperamos que Dios también nos sirven y nos bendiga De diversas maneras. Llegamos a él al principio se bendijo con su perdón y, a continuación, vaya a buscar las bendiciones de curación, las respuestas a la oración, prosperidad material, el empleo, la vivienda, pareja en el matrimonio, etc. Es posible que nuestra vida se centrado en sí mismo, incluso cuando estamos profundamente "religioso" en nuestro propio y ojos de otras personas. Dios se convierte en sólo una persona más en nuestra "Órbita", y que vamos a obtener lo que puede salir de él.

El hijo pródigo regresó con el fin de obtener alimentos de su padre, sino que el padre aún le recibieron. Dios nos recibe incluso cuando nuestros motivos son totalmente egoísta. Él nos ama tanto que él anhela recibir nosotros aun cuando lleguemos a Él con un evidente motivo egoísta. Su esperanza, sin embargo, es que, por una parte, debemos madurar rápidamente para darse cuenta de que la verdadera espiritualidad es para participar de su propia naturaleza, que es dar, en lugar de recibir. Con la inmensa mayoría de sus hijos, sin embargo, Dios nunca es capaz de lograr ese fin. Viven y mueren en su egocentrismo pensando sólo en "I", "Me" y "mina" y de material y bendiciones.

Maduro es que nuestra mente renovada para que ya no esté centrado en lo que nos puede salir de Dios, sino en lo que Dios puede salir de nosotros en nuestra vida terrena. Esta renovación de nuestra es lo que trae transformación (Rom. 12:2). Esto es lo que califican los 144.000 (14) en la Rev. A ponerse de pie con el Cordero en el Monte Sión.

Una auténtica espiritualidad no es sólo obtener victoria sobre ira, irritabilidad, pensamientos lujuriosos, el amor el dinero, etc. , y es que dejarían de vivir para uno mismo. Es que deje de buscar nuestra propia de nuestra propia ganancia, nuestro Propia comodidad, nuestra propia comodidad, nuestra propia voluntad, nuestros propios derechos, nuestro propio honor e incluso nuestro "Espiritualidad".

Cuando los discípulos pidieron a Jesús que les enseñara a orar, Él les enseñó una oración que no con las palabras "YO", "Me" o "mina" en, incluso una vez (Luc. 11:1). El nos enseñó a ser preocupa en primer lugar por el nombre del Padre, en el reino y, y, a continuación, que se preocupa tanto sobre nuestros hermanos creyentes (su bienestar material y espiritual) como sobre nosotros mismos ("nosotros", "nosotros", "nosotros" Y no "me", "me", "me"). Es fácil de aprender que la oración "de corazón" y a repetirlo como un loro. Pero a aprender esa lección en nuestro corazón exige que realmente abandonar y poner a Dios en el centro de nuestra corazón. La ley que se encuentran más frecuentemente en nuestros miembros (Rom. 7:22), si somos honestos en juzgar a nosotros mismos, será la ley del egoísmo, el afán de buscar nuestra propia conveniencia y nuestro derechos propios por toda la vida.

Jesús nos ha enseñado a buscar el reino de Dios en el primer lugar de destronar a que es "yo" y poner a Dios y sus intereses en el centro de nuestra vida. Jesús dio la comodidad del cielo con el fin de hacer la voluntad de su padre en la tierra. Pablo, de la comodidad de ser un hombre de negocios cristiano vive lujosamente en Tarso, con el fin de ser un apóstol, que enfrenta dificultades para el Señor. Cada uno de los apóstoles vivieron sacrificial centrado en Dios. Ellos dieron todo en la promoción del reino de Dios en la tierra, a diferencia de muchos de los predicadores "turísticos".

Una santidad que todavía nos deja buscar nuestra propia comodidad y conveniencia es una falsa santidad incluso si tenemos vencer la ira y sucios pensamientos. Esto es lo que muchos no se han dado cuenta; y por lo tanto satanás ha sido capaz de engañar. Muchos cristianos viaje o migrar a diferentes países que buscan comodidades y el confort y la riqueza. Aún así, pueden tener las bendiciones de Dios sobre sus vida, pero no la aprobación de Dios ya que nadie puede servir a la vez a Dios y a las riquezas (es decir, riqueza, placer, confort, etc.). Si pensamos que bendición de Dios en nuestras vidas y en nuestros hijos es un indicación de que Él también está feliz con nosotros, entonces Satanás tiene realmente nos engañó. Bendición de Dios y aprobación de Dios son dos cosas totalmente diferentes. Al final de nuestra vida terrena, el testimonio que Tenemos debe ser el testimonio que Enoc tenía antes de que dejó la tierra: "haber agradado a Dios" (Heb. 11:5). Sólo tres palabras, pero no se puede tener más un poderoso testimonio de su vida terrena. Este es el testimonio de que Jesús y Pablo. A tan sólo un testimonio de que "fue bendecida por Dios no vale nada, para millones de creyentes, también, puede tener ese testimonio.

Los inicios del Primer Gran Despertar apareció entre los presbiterianos en Pennsylvania y nueva Jersey. Dirigido por la familia Tennent de El Reverendo William Tennent, inmigrantes escoceses e irlandeses, y sus cuatro hijos, todos clérigos de los presbiterianos no sólo religioso iniciado en los avivamientos las colonias durante la década de 1730 sino que también estableció un seminario para capacitar a sacerdotes cuyo exaltado, más sincero predicación haría que los pecadores a la conversión evangélica. Conocida originalmente como "el Registro Universidad", es mejor conocido hoy como Universidad de Princeton.

Entusiasmo Religioso propagarse rápidamente de los presbiterianos de colonias en el medio del congregacionalistas (Puritanos) y Bautistas de Nueva Inglaterra. En el decenio de 1740, el clero de estas iglesias estaban realizando avivamientos en toda la región, usando la misma estrategia que han contribuido al éxito de la Tennents. En cargada de emociones, todos los sermones más potente porque fueron entregados extemporáneamente, predicadores como Jonathan Edwards evocó vivo, las imágenes terroríficas de la total corrupción de la naturaleza humana y de los terrores nocturnos en espera los impenitentes en el infierno. Por lo tanto, Edwards la famosa descripción del pecador como un repugnante araña suspendida por un hilo fino en un foso lleno de azufre en su mejor conocido sermón, "Los pecadores en las manos de un dios airado." Los tres más famosos predicadores evangélicos de la gran Despertar, cuyos retratos no transmiten el ardiente las emociones de sus sermones. Estos los avivamientos en las colonias del norte han inspirado algunos convierte a convertirse en misioneros de la Sur de Estados Unidos. A finales de los 1740s, los predicadores Presbiteriana de Nueva York y Nueva Jersey comenzó hacer proselitismo en la Virginia Piamonte; y en la década de 1750, algunos miembros de un grupo conocido como el separar los bautistas se mudó desde Nueva Inglaterra hasta central de Carolina del Norte y rápidamente extendido su influencia a las colonias aledañas. En vísperas de la Revolución Americana, sus Convierte evangélicos representaban alrededor del diez por ciento de todo el sur feligreses.

El Primer Gran Despertar también ganó un nuevo impulso gracias a la amplia gama de American se desplaza de un predicador Inglés, George Whitefield. Aunque Whitefield había sido ordenado como ministro en el Iglesia de Inglaterra, más tarde, se alió con otros clérigos anglicanos evangélicos que compartió su doblado, sobre todo John y Charles Wesley. Juntos, lideró un movimiento de reforma de la Iglesia de Inglaterra (De la misma forma que los puritanos habían intentado antes de la reforma que la iglesia) que resultó en la fundación de la Iglesia Metodista a fines del siglo xviii. Durante su Varios viajes a través del Atlántico tras 1739, Whitefield predicaba por todas partes en los Estados Unidos colonias, recurriendo con frecuencia al público tan grande que él se vio obligado a predicar al aire libre. ¿Qué whitefield predicaba era nada más que lo que otros han venido proclamando los calvinistas de siglos de que hombres y mujeres pecadores eran totalmente dependientes de la salvación en la misericordia de un Puro, Dios omnipotente. Pero Whitefield, y muchos de los predicadores, que ansiosamente imitar su estilo presentado ese mensaje de maneras novedosas. Gesticulando mucho, a veces llorando abiertamente o estruendoso de las amenazas del fuego del infierno y azufre, se convirtieron el sermón en una apasionante Representación teatral.

Pero no todos vieron con su aprobación. Por todas las colonias, conservador y moderado clérigos cuestionó la emotividad de evangélicos y que trastorno y de la discordia asistieron a los avivamientos. Tomaron gran excepción para "itinerantes", los ministros, quienes, como Whitefield, viajó de una comunidad a otra, en la predicación y con demasiada frecuencia criticar al clero local. Y todavía se llevaron una excepción cuando algunas mujeres blancas y los afroamericanos han derramado su Subordinación social lo suficientemente largo para que se exhorte a reuniones religiosas. Los predicadores evangélicos y convierte a sus opositores critican como frío, aburrida, y la falta de piedad y gracia. Combates encarnizados dentro de congregaciones y denominaciones en todo este desafío a autoridad clerical, así como el enfoque evangélico a la conversión del corazón, en lugar de "La cabeza" ."

Así que el primer Gran Despertar izquierda colonizadores polarizados por motivos religiosos. Los anglicanos y los Cuáqueros ganado nuevos miembros entre los que desaprueban de la reactivación de los excesos, mientras que el los bautistas (y, en la década de 1770, los metodistas) aún más guapo las ganancias provenientes de las filas de convierte evangélica radical. El grupo más numeroso de los estadounidenses sigue siendo churchgoing dentro de las denominaciones Presbiteriana y Congregacionalista, pero dividido internamente entre los defensores y los detractores del despertar, conocidos como "Nuevas Luces" y "Las lámparas viejas." Inevitablemente, los gobiernos civiles fueron arrastrados a la refriega. En las colonias donde uno denominación recibido apoyo del estado, las demás iglesias ante las legislaturas de supresión, una fin de la condición de Congregacionista en Connecticut y Massachusetts y de el anglicanismo en las colonias del sur.

Ahora vamos a cortar a las aulas. Usted ha esbozado la historia del primer gran despertar de su inicios en medio del Atlántico, su tránsito a Nueva Inglaterra, y su culminación en el Sur, con sus legado del debate y la división. Y ha hecho hincapié en que sólo se trata de una manifestación colonial de un renacimiento religioso de mayor alcance geográfico de ella se extiende la duración de la British North Estados Unidos (en donde, de hecho, la única figura pública cuyo nombre era conocido por casi todos colonizadores fue George Whitefield!) y ha repercutido en todo el países protestantes de Europa.

Para su próximo movimiento podría ser capaz de plantear la pregunta: ¿Qué pudiera dar cuenta de la enorme recurso de cristianismo evangélico a los hombres y las mujeres que viven a ambos lados del Atlántico, durante el segunda mitad del siglo xviii?

Lo más probable es que la mayoría de los estudiantes simplemente parece confundido en esta investigación, aunque algunos los Cristianos entre ellos podría sugerir que la divina providencia ha inspirado gran número de personas a abrazo "verdadero Cristianismo." Si esto sucede, usted tiene una oportunidad excelente para señalar que, si bien una explicación podría ser convincente desde el punto de vista de la fe (es decir, el punto de vista de un creyente), historiadores (no importa lo que sus convicciones religiosas personales podría ser) tratan de explicar las causas inmediatas de por qué sucedieron las cosas sin hacer referencia a los actos de Dios. (De lo contrario los estar fuera del negocio, ya que la causa última de todo acontecimiento histórico, desde el punto de vista de la fe, es la voluntad de Dios.)

Con un poco de suerte, los comentarios, el clase a pensar en la ESPECÍFICA LAS CIRCUNSTANCIAS HISTÓRICAS que podrían haber mejorado la apelación de evangélicos el cristianismo, con su formidable serie de consuelos y emocional las certezas morales, a las grandes número de personas en el siglo xviii.

Para mantener el debate sobre la pista, y a hacer más accesible este tipo de conexiones para los estudiantes de usted podría intentar lanzar a la observación de que cultura religiosa en los Estados Unidos es hoy muchas similitudes a la de el siglo xviii. Como muchos comentaristas, erudita y popular, se ha observado, durante las últimas décadas han sido testigos de un avivamiento evangélico de lo que algunos consideran Otro "Gran Despertar." Desde la década de 1960, como miembro de evangélicos conservadores las iglesias protestantes ha crecido de forma espectacular, mientras que el número de miembros de organizaciones nacionales como los Promise Keepers locales y grupos de estudio de la biblia también se ha expandido a un ritmo asombroso. Algunos de sus estudiantes serán conscientes de estas tendencias, y por lo tanto tendrá mayor confianza cuando se trata de especular sobre los orígenes sociales de evangelicalismo popular contemporánea llamamiento de la transitoria vidas de muchos estadounidenses como los movimientos de población hacia el Sur y el Oeste, el alta incidencia de fragmentación familiar en la cara de asombrosa las tasas de divorcio, la incertidumbre En roles de género impulsado por el feminismo, las amenazas de que los recientes descubrimientos científicos y "secular humanismo" son percibidos por muchos para "valores tradicionales", y así sucesivamente.

Bueno, aquí está la recompensa al acecho al final de esta aparente digresión en la cultura religiosa de la última parte del siglo xx: por ahora por lo menos algunos los estudiantes podrán ver la conexión entre popular inclinaciones religiosas y las tendencias sociales más amplios. Así que es el momento para que usted pueda orientarlos hacia atrás en el siglo xviii por señalar que esto, también, fue una época de extraordinaria agitación y crisis de la gente común. Les recordamos que Inglaterra estaba entrando en la era de la Revolución Industrial al igual que los Metodistas evangélicos atrajo a un gran número de adeptos entre los mineros y los trabajadores de las fábricas. Recordar que Irlanda del norte y Alemania, otros focos de evangélicos Entusiasmo, fueron destrozados por la guerra, el hambre o las dos duras condiciones en que se le solicite cientos de miles de personas a emigrar a América del Norte Británica. Y, por último, recordarles que en la las colonias Americanas, la misma época fue testigo de un gran cambio interno de la población a la "Las fronteras del sur y del Oeste, en donde estaban las familias sufrieron, vidas desarraigadas y la siempre presente amenaza de ataque por parte de las tribus de los Indios despojados. Tales circunstancias además de las mujeres en nuevas funciones de responsabilidad para la supervivencia de la migración los hogares como las familias estaban fragmentados por el movimiento y la muerte.

¿Por qué Jonathan Edwards referirse a el Gran Despertar como el "sorprendente obra De Dios" en su 1737 narrativa? Se deduce que los hombres y las mujeres que se enfrentan con esas duras dificultades podría haber buscado oportunidades de becas, consuelo y alivio emocional y que es exactamente lo que evangélicos a ambos lados del Atlántico. Los presbiterianos, bautistas, y sus iglesias metodistas promocionado como refugio de todos los males que afligen a la gente de como islas de estabilidad y disciplina caridad Cristiana en un mar agitado del caos social y cultural confusión.

El Capítulo 4

Ser educado

Muchos de nosotros creemos que el éxito está directamente vinculada a la educación. Cuando hablamos de un buen educación, hablamos mucho de éxito. Tenemos la tendencia a tomar la educación como un éxito propio en su propio Esfera. ¿Hacer un alto nivel de educación pertenecen a la clase fiar? Si es así, ¿por qué tenemos muchos abandonan la escuela? ¿Por qué todo el mundo se no obliga a su manera de educación superior? ESTOY no sé si debo decir que es un error, pero a veces ocurre que hay gente que se equivoca por no ir a la escuela cuando emigran a los Estados Unidos. Vienen a buscar sólo oportunidad económica. De hecho, tomar los estudios como un periférico que se puede hacer, o al menos algunos de ellos Creo que la educación que adquirió de su país es suficiente sin tener en cuenta Algunas otras cosas que necesitan, por ejemplo, hablando un lenguaje nuevo que les puede hacer por simplemente viven en este país. Incluso si usted ha sido altamente educados en su país, la integración en un nuevo país, una nueva cultura a veces requiere reforma. La comunicación puede ser desafío número uno que es posible que tengas que hacer.

Idioma es mucho más que un simple medio de comunicación. Ésta influye en nuestra cultura, e incluso nuestros los procesos de pensamiento. Durante los primeros cuatro decenios del siglo 20, el idioma era considerada por los lingüistas y antropólogos americanos, más importante de lo que realmente es en la formación de nuestro Percepción de la realidad. Ello se debió principalmente a Edward Sapir y su alumno Benjamin Whorf quien dijo que la lengua predetermina lo que vemos en el mundo que nos rodea. En otras palabras, actos de lenguaje como un lente polarizador en una cámara en el filtrado de la realidad que vemos el mundo real sólo en las categorías de nuestro idioma.

Las comparaciones culturales cruzadas de cosas tales como el color se emplean términos de Sapir y Whorf como prueba de esta hipótesis. Cuando percibimos con nuestros ojos, estamos sintiendo que parte de la radiación electromagnética que es luz visible. De hecho, el espectro de la luz visible es una proceso continuo de las ondas de luz con las frecuencias que aumente a una tasa continua de un extremo a la Otros. En otras palabras, no hay diferentes colores como rojo y verde de la naturaleza. Nuestra cultura, a través de la lengua, nos guía en el espectro en términos de los establecido de manera arbitraria las categorías que llamamos colores. Diferentes culturas pueden dividir el espectro en diferentes formas. Esto se puede ver en la comparación de algunos colores idioma Inglés con sus homólogos de los Tiv de Nigeria idioma:

Sapir y Whorf interpretan estos datos como lo que indica que los colores no son objetivos, naturalmente segmentos determinados de la realidad. En otras palabras, los colores que vemos están predeterminados por lo que nuestra cultura nos prepara para ver. Este ejemplo que se utiliza para apoyar la hipótesis Sapir-Whorf que fue Prueba objetiva en la década de 1960. Que la investigación indica que han ido demasiado lejos. Todos normal los seres humanos comparten el mismo sentido percepción del color a pesar de las diferencias de terminología de color Un idioma a otro. La fisiología de nuestros ojos es esencialmente la misma. Personas de todo el mundo puede ver sutiles gradaciones de color y puede comprender otras formas de dividir el espectro de luz visible. Sin embargo, como una sociedad, la economía y la tecnología aumento de complejidad, el número de color términos generalmente aumenta también. Es decir, el espectro de luz visible se subdivide en más categorías. Los cambios en el medio ambiente, cultura y idioma responden habitualmente mediante la creación de nuevos términos para describir.

La Oficina del Censo de los ESTADOS UNIDOS estima que más de 300 lenguas que se hablan en los Estados Unidos. La mesa divide esos idiomas en cuatro categorías: Español; los demás indoeuropeos idiomas Alemán, que incluye, el yiddish, sueco, francés, italiano, ruso, polaco, Hindi, Punjabi, Griego y otras idiomas asiáticos o de las Islas del Pacífico, incluyendo China, coreano, Japonés, Tailandés, Tamil y más; y "todos los demás idiomas", que es una categoría para idiomas que no encajan en las tres primeras categorías, tales como Hungría, el árabe y el hebreo, lenguas de África y las lenguas de los pueblos nativos de América del Norte, América Central y América del Sur no hay un idioma oficial de los Estados Unidos, según el gobierno de los ESTADOS UNIDOS. Mientras casi todos los idiomas del mundo se habla en los Estados Unidos, Español, Chino, Francés y alemán se encuentran entre las más hablada de habla no inglesa. El noventa por ciento de las población de los EE.UU. habla y entiende al menos un poco de inglés y la mayoría de los negocios es en inglés. Por lo tanto, habla un buen inglés es importante (no es necesario) para su empresa como un inmigrante y un factor fundamental para su plan de desarrollo. El camino para lograr un buen lenguaje articulado es a través de la educación, van a la escuela.

En nuestra opinión, la educación es todo, pero hay otros ingredientes que son igual o incluso más importante en el camino hacia el éxito. Educación superior es de particular importancia para todos los que deseen entrar en un campo de especialidad, como convertirse en un contador, asesor financiero, abogado o médico. Pero hay muchas otras carreras en las que, sobre todo cuando abrazó con fuerza, se pueden dominar a través La libre determinación, la experiencia, y la auto-educación.

Educación es el proceso de aprender y conocer, que no se limita a nuestro texto escolar-Libros. Es un proceso completo y sin interrupciones a través de nuestra vida. Incluso los acontecimientos ordinarios y eduquemos a los eventos que ocurren a su alrededor, de una u otra manera. No sería una exageración decir que la existencia de los seres humanos es inútil sin la educación. Una persona educada tiene la capacidad Para cambiar el mundo, como él/ella está lleno de confianza y asegurarse de que la derecha se mueve. La educación insiste en la importancia de la vida de cada persona.

Educación es una contribución valiosa para nuestra vida, haciéndonos responsables ciudadanos. Llegamos a conoce nuestra historia y cultura a través de la educación y de absorber esos valores. Educación abre nuestra mente y expande el horizonte. Nos permite comprender nuestras obligaciones como ciudadano y alienta a nosotros a seguir. No se puede negar el hecho de que una persona educada es un mejor ciudadano.

Educación de carácter futurista, en la medida en que se asegura de que la persona que recibe una buena educación obtiene un futuro seguro. La productividad es mayor al adquirir nuevas aptitudes y talentos a través de la educación. Nos encontramos en la más puestos de trabajo competitivos, cortesía de la formación y la educación. La importancia de la educación se pone de manifiesto en las alturas tambaleante que alcanzar en la vida.

La educación puede abrir una nueva vida para nosotros. La importancia de la educación, en gran parte, se encuentra en la capacidad de abrir nueva vida para nosotros. Éste se expande nuestra perspectiva y nos enseña a ser tolerantes hacia otros
Puntos de vista. Una persona educada, es más fácil de entender un punto de vista diferente de la que inculta. Educación amplía nuestro paisaje mental y es la manera de avanzar a una mayor ilustración de la meta final de todos los seres humanos en la vida.

Educación se expande nuestra conciencia. Conciencia es una virtud en sí misma, dado que la falta de conciencia se lamentó por todas partes. Educación da a conocer, nos ha informado acerca de nuestros derechos y los servicios que podemos acceder. En el más básico, que nos enseña a diferenciar entre el bien y el mal. En la mayor parte de nuestras vidas, fallamos en dicotomizar correcto y lo incorrecto, pero la buena educación nos da las respuestas correctas.

La formación ayuda en la toma de decisiones . La toma de decisiones es una parte integral de nuestras vidas. Hemos para tomar decisiones en nuestra vida y, a veces, la toma de decisiones puede ser un muy duro, proceso complicado. Nos puede dejar perplejos y a menudo me pregunto, qué es lo que está el derecho elección. Educación es importante, porque nos permite tomar las decisiones correctas y evita las pérdidas.

Una persona educada es una persona que confía en sí misma. Educación fomenta una perspectiva positiva y nos permite creemos en nosotros mismos. La convicción es el rasgo más buscado en un ser humano y la educación nos lleva confiar en nosotros mismos, haciendo creer que estamos dispuestos a asumir el mundo.

Al final de la jornada, ya que es precisamente el aprendizaje, y no necesariamente "educación formal", que es su boleto para el éxito. Aprender es su propia responsabilidad en cada etapa de su vida. La auto-educación puede ser el factor más importante (que tiene un control completo sobre) que puede tener el mayor impacto en su éxito personal. La mayoría de las personas que tienen éxito tienen algún tipo de educación formal. Educación te hace capaz de establecer, organizar, dirigir y controlar la ruta de el éxito. Por el contrario, la falta de educación puede poner a la persona en un camino rocoso para conducir a su destino. ¿Qué quiero decir con ello? Es un lugar que puede tomar una hora de coche para llegar a su destino termina teniendo doble del tiempo o incluso más tiempo para pasar todo el hito. Como resultado, la cantidad de tiempo en el que usted podría pasar a disfrutar de los frutos de su trabajo se está desperdiciando en la lucha con un carretera sin pavimentar.

Hay una gran cantidad de debate de hoy sobre la importancia de un título universitario. Según el Departamento de Trabajo DE LOS ESTADOS UNIDOS, el 90 por ciento de los puestos de trabajo de más rápido crecimiento en el futuro requerirá algún tipo de educación superior o de formación. Si nos fijamos en que ha funcionado mejor en este económico recesión, existe una correlación directa entre la tasa de desempleo y el nivel de nivel educativo.

Sin embargo, también nos estamos quedando cortos. No hace mucho tiempo, los Estados Unidos tienen el más alto número de graduados universitarios entre los países industrializados. Actualmente, estamos en 130 lugar. Este tiene ramificaciones importantes en nuestra fortaleza como nación, así como a nuestra capacidad de competir en el economía mundial.

Después de décadas de políticas de educación, científicos, economistas y educadores están empezando a repensar sus ideas básicas acerca de lo que se necesita para tener éxito en la escuela. Están comenzando a mirar en lo quellamado "no-habilidades cognitivas" - arena, la perseverancia, el rigor y el optimismo; por ejemplo - Y, por tanto, me pregunto si no podría ser tan importante como las habilidades cognoscitivas.

La idea nació en un momento clave para la educación. Una década después de que el Congreso aprobó la Ley para Que Ningún Niño izquierda detrás de ley, los educadores se van tan dividido como nunca en el de la ley objetivo clave: cómo mejorar los resultados educativos de los niños pobres. Por un lado, un influyente grupo de educadores dicen que el destaca la pobreza y privaciones de doom kids' aspiraciones de curar la pobreza, dicen ellos, y educación seguirá. Por el otro lado están los educadores que dicen que la más competitiva, centrado y sistema de educación responsable, levante los niños de la pobreza, dándoles un billete a la universidad y la clase media.

Pero, hasta ahora, no hemos curado la pobreza, y los resultados de varias "no hay excusas" son experimentos mixto. Alumnos del centro las escuelas KIPP para los estudiantes de bajos ingresos, para ejemplo, cuentan con una excelente tasa de graduación de la escuela secundaria. Pero pocos hacen a través de la universidad.

Nuevas investigaciones sugieren que una tercera forma podría ser más práctica: Mitigar los efectos de la pobreza por ayudar a los padres a criar niños más resistentes, y ayudar a los niños a desarrollar hábitos de la mente a perseverar ante las dificultades.

"No hemos sido capaces de resolver grandes problemas ya que hemos estado buscando en los lugares equivocados". escribe la autora Pablo dura, cuyo nuevo libro, la forma en la que los niños tengan éxito, se revive en el tema. Entre los respondiendo a las nuevas investigaciones: David Levin, KIPP co-fundador que adoptaron un 24-Tema "carácter tarjeta de informe" en la cara de los pobres de los resultados. Después de más de un Década de académicos y una dura disciplina, "Él (Levin) ha creado la perfecta alumno de secundaria, pero no se había creado el perfecto estudiante universitario", dijo dura. KIPP los estudiantes ahora se sientan en las conferencias de padres y maestros que detalle no sólo cómo lo están haciendo de la historia y el álgebra, pero cómo bien lo puntuación en entusiasmo, curiosidad, inteligencia social, y optimismo.

"Cuando pensamos en la palabra "carácter", a menudo pensamos en algo que no es de todos modificable - es igual que lo que tu has nacido," dice difíciles. "Pero estos puntos fuertes son las cosas que son absolutamente intercambiables. Las personas pueden cambiar ellos mismos. Los maestros y los padres puede tener un gran impacto sobre la forma en que está desarrollado".

Ex-editor de la revista del New York Times, las duras dice que la necesidad de desarrollar arena no sólo ocupan los educadores de niños de bajos ingresos. Él escribe que muchos colegios de elite no ofrecen a los estudiantes mucho la oportunidad de tener éxito como "una alta probabilidad de error."- y de las conexiones que garanticen una Alumno nunca se cae de la clase alta.

De hecho, dice Dominic Randolph, director de Riverdale Country School en el Bronx, "En la mayoría muy entornos académicos en los Estados Unidos, nadie nada."

También se detallan los duros esfuerzos de Elizabeth Spiegel, un profesor de ajedrez Brooklyn middle school maestro que desarrolla los jugadores. Ella lo hace, Resistente descubre, por su esmerada enseñanza los estudiantes a reflexionar sobre cada movimiento de cada juego, errores incluidos. Jugadores escribir cada movimiento y revisarlos después, hacia abajo para averiguar por qué ha cometido un error y La solución para esto. "Teaching chess es realmente acerca de la enseñanza los hábitos que van junto con el pensamiento". Spiegel le dice.

Ella compara el proceso de la psicoterapia, diciendo que sus jugadores a veces hacen que los mismos errores varias veces. Al final, ella dice, deben encontrar una forma de separarse de sus errores y las pérdidas. "Yo trato de enseñarles a mis alumnos que perder es algo que se hace, no algo que se", ella dice.

Los resultados hablan por sí mismos: Spiegel y los equipos de cada uno de sus jugadores siempre se sitúan tanto uno de los mejores a nivel nacional, y a unos pocos estudiantes alcanzar gran master status antes de los 13. Después de que un jugador joven, James Black, beats Ucraniano de nacimiento maestro internacional de ajedrez Yuri Lapshun, el derrotado ucraniano se sienta con James y Spiegel para analizar el juego. Desplazarse por mover, el maestro se da cuenta, James vio superada totalmente uno de los mejores jugadores del mundo. En al final, nos dice Santiago que habían jugado "excepcionalmente profunda ajedrez."

¿Hay algún apoyo académico y social de los estudiantes para ayudarles a lo largo del camino? ¿Existen los mentores? Profesores mentores? ¿Hay un programa puente, verano inmersión, o Programa de orientación que puede ayudar al estudiante realizar la transición a la universidad con éxito? En el trabajo en el Colegio Nacional Asesorar a cuerpo, le llamamos a estos "mejores" y "mejor ajuste" preguntas.

El concepto de "colegio", definido por el Consorcio de Investigación de Escuela de Chicago la Universidad de Chicago en su informe de 2008 titulado "De la Escuela Secundaria en el futuro: los baches en el camino a la universidad", documentos que un estudiante que se aplica y se inscribe en el colegio o universidad selectividad con un ingreso nominal que coincide con su preparación académica es más probabilidades de tener éxito en la escuela y obtener un título universitario.

El informe mostró que el mundo académico de los estudiantes en función de su GPA no ponderado y su más reciente ACT/SAT puntuación a la selectividad de la institución postsecundaria que matriculado en un elemento clave de las tasas de terminación de los estudios y el éxito.

La investigación concluyó con la sorprendente conclusión de que "en todos los estudiantes, de los que dos terceras partes (62 por ciento) de los estudiantes asisten a un colegio con un nivel de selectividad que estaba por debajo de los tipos de las escuelas que son los que más probablemente se ha aceptado que dado su nivel académico Calificaciones."

Este concepto se denomina "adaptación" y ha sido documentado por William Bowen, Mateo Chingos y Michael McPherson en su libro, cruzar la línea de llegada. Los estudiantes necesidad de asistir a las escuelas que están listos para progresar académicamente. Y, del mismo modo, es necesario que asistan a
Las escuelas que están dispuestos a ofrecer los cursos y apoyo que para el acabado Línea.

Académicos coinciden no es el final de la historia, sin embargo. Varios colegios puede ser un buen partido académicamente para un estudiante universitario, pero que es el mejor "fit"?

El mismo informe de 2008 encontró que los estudiantes son más propensos a persistir en pregrado y postgrado si, además de académico, también se han considerado otros factores que determinar en general. Entre estos factores se incluyen los siguientes: viabilidad financiera, las carreras y programas que ofrecen servicios de asistencia técnica, social/emocional, y el colegio de la persistencia y tasas de graduación.

Ahora que comenzamos otro año académico, ayudar a nuestros estudiantes a encontrar el producto adecuado y oportuno. Vamos a encontrar a las escuelas que les servirán bien. Si se trata de una credencial, escuela de formación profesional, la comunidad

, O una universidad, se trata de honrar la inversión y para honrar nuestro futuro. Se trata de el éxito.

Durante su carrera de escuela secundaria, los estudiantes pueden empezar a cuestionar la importancia de un colegio educación. También pueden encontrarse preguntando: " ¿Por qué es importante para ir a la universidad?" El respuesta es que, más que nunca, en la universidad ofrece oportunidades para los graduados que son no es tan generalizado como para aquellos que no han recibido una educación superior.

Para muchos estudiantes de educación secundaria, siendo capaz de generar de inmediato un ingreso después de la graduación es una sugerente reflexión. También pueden ser repelidos por el incremento del coste de la matrícula y, si bien es cierto Que la educación superior puede ser uno de los mayores gastos que se puedan enfrentar, la importancia de la educación universitaria se ha convertido en evidente en términos de potencial de ingresos en la actual economía.

Una importante respuesta a esta pregunta es más oportunidades. A diferencia de las generaciones del pasado, los graduados de la escuela secundaria hoy son incapaces de obtener el número de empleos bien remunerados que se una vez estén disponibles. Los EE.UU. se ha transformado en una economía basada en el sector manufacturero a un Economía basada en el conocimiento; la importancia de la educación universitaria hoy se puede comparar a la de una educación secundaria hace cuarenta años. Que sirve como puerta de entrada a mejores opciones y más oportunidades.

Hay otras razones de por qué es importante para ir a la universidad. Cuando los estudiantes experiencia la educación post-secundaria, tienen la oportunidad de leer libros y escuchar las conferencias de expertos en sus campos. Este estímulo anima a los estudiantes a pensar, hacer preguntas y explorar nuevas ideas, lo que permite un crecimiento y desarrollo y proporciona college los graduados con una ventaja en el mercado de trabajo en los que no han experimentado un mayor educación.

La importancia de la educación universitaria se agrava además por la oportunidad de ganar valiosos recursos durante su mandato. Más conexiones que son recogidos durante su carrera de la universidad, más opciones que tendrá cuando usted comienza su búsqueda de trabajo. Una vez que haya finalizó la búsqueda de empleos y han comenzado su carrera, sin embargo, la importancia de un colegio educación no ha sido agotado. Tener un título universitario a menudo proporciona una mayor promoción Oportunidad.

Así que, ¿por qué debería ir a la universidad? El razonamiento no comienza y termina con el trabajo. UN una buena educación es beneficiosa desde muchos puntos de vista diferentes, y si bien la importancia de un educación universitaria es bastante evidente para muchos estudiantes de educación secundaria, lo que con frecuencia no es tan claro es ¿Cómo se va a pagar por esa educación.

Aunque los colegios y las universidades de hoy llevan un alto precio de referencia, es de gran importancia para que no deje que abstenerse de obtener una educación universitaria. Mientras que el costo de la matrícula continúa en aumento, también lo hace el número de opciones de asistencia financiera. A continuación, explicar por qué es importante para explorar estas opciones antes de ir a la universidad y la gran recompensa a menudo proporcionan.

De las opciones locales y federales, categórico y opciones corporativas, camino a la universidad los estudiantes tienen una variedad de oportunidades vale la pena explorar en su intento de obtener ayuda financiera. UN común tergiversación de paquetes de ayuda financiera (por ejemplo becas, subvenciones, préstamos, estudio del trabajo Los programas) es que proporcionan financiación para toda una educación universitaria. La realidad es que la mayoría estos paquetes son más pequeñas y puede tomar varios de ellos. Esta es la razón por la que se importante para explorar todas las opciones antes de ir a la universidad:

Las opciones locales

La gente de su propia comunidad comprender plenamente la importancia de un colegio Educación, motivo por el cual las organizaciones, como por ejemplo la American Legion, el Rotary Club, el Jaycees, Boosters y capítulos se ofrecen becas para los estudiantes de la escuela secundaria en la zona. Estas organizaciones a menudo se pasan por alto y servir como un gran recurso debido al hecho de que tienen mucho menos competencia de premios nacionales. Comience su búsqueda local visitando el de la escuela opciones de carrera para ver qué hay disponible.

Opciones Federal

El gobierno federal también está muy consciente de la importancia de la educación universitaria, es por eso que premio más ayuda financiera a la universidad de estudiantes de cualquier otra recurso. El paso más importante para obtener ayuda del gobierno federal es para rellenar la libre solicitud de Ayuda Federal para Estudiantes (FAFSA). Siga este enlace para obtener más información sobre presentación de la solicitud de ayuda financiera.

Basados en el mérito de las opciones

Las becas se otorgan mérito a los alumnos basándose en las habilidades académicas o deportivas, así como también como categorías tales como la etnia, la religión, la calidad de miembro de un club, intereses, talento o los planes de carrera. Más información sobre las opciones basadas en el mérito, siguiendo este enlace: College Beca

Opciones corporativas

Las corporaciones son otro recurso que comprende la gran importancia de un colegio Educación. Cada año, lo que supone que las empresas que van desde blanco a la Coca-cola ofrece ayuda financiera a miles de universitarios de estudiantes. Una buena manera de empezar el becas corporativas buscar es con usted o la empresa de su cónyuge. Muchas veces, las organizaciones tendrán el premio los hijos de los empleados con becas o ayudas. Siga este enlace para saber más acerca de ayuda financiera de tu universidad y conceder las búsquedas y determinar la elegibilidad de los estudiantes.

Comprender la importancia de la educación universitaria

Si usted todavía está preguntando ¿por qué debe ir a la universidad, es importante recordar el gran cantidad de oportunidades disponibles para graduados de la universidad. La economía mundial es cada vez más competitivo, y con el fin de darse a sí mismo la mejor oportunidad para una bien trabajo remunerado, primero debe comprender la importancia de la educación universitaria.

Asistir a la universidad ofrece a los estudiantes el conocimiento y la experiencia son incapaces de recibir de la enseñanza secundaria, y encontrar una manera de financiar la educación superior ahora puede pagar en un largo camino en los próximos años.

Las aspiraciones educativas Estadounidenses de sus hijos nunca han sido más altas que las que son como los de hoy en día. La demanda de educación es contagioso y fácilmente transferido de generación en generación. Los padres quieren más y mejor educación para sus hijos de lo que jamás habían tenido. El necesidad de mano de obra no calificada y sin instrucción trabajo ha desaparecido prácticamente, y la necesidad de un alto nivel de educación trabajo sigue siendo en gran demanda. Sin embargo educación tiene sus gastos y no todo el mundo es capaz de permitirse financieramente para ser mejor educados. El gobierno federal ha puesto su mejor pie para ayudar a los ciudadanos que necesitan más dinero para su educación. Gracias a los G. I. Bill, ley de Educación Nacional de Defensa (NDEA), y la Ley de Educación Primaria y Secundaria (ESEA) muchos estadounidenses han sido capaces de llegar a educación superior.

La "G. I. Carta de Derechos" es un órgano de la legislación federal que ha proporcionado educación y otros beneficios para los veteranos de la Segunda Guerra Mundial. Más de 11 millones de personas se han beneficiado de estos beneficios. El objetivo general de esta legislación ha sido para compensar los veteranos en su sacrificios y servicios. Otra razón importante, sin embargo, ha sido la necesidad (especialmente En los 1940 's) de reintegrar el número de militares en la economía civil y en la vida nacional. No podría describir el enorme impacto de la II Guerra Mundial G. I. Ley de la nación o a las vidas individuales de los veteranos que fueron ayudados a través de este programa Y desde entonces se han graduado con las carreras profesionales como médicos, abogados, ingenieros, profesores, contables, Mecánica, el clero y los agricultores. Muchos historiadores han calificado los G. I. Carta de Derechos uno de los Piezas más iluminados de legislación promulgada por el Congreso de los Estados Unidos. Algunos describir como uno de los más exitosos experimentos en expansión socioeconómica realizada por el gobierno DE LOS ESTADOS UNIDOS. Sin duda, siempre que los ciudadanos estadounidenses se siguen preparando para militares Servicio, este tipo de legislación seguirá siendo alta en la lista de prioridades legislativas.

En 1958 el Congreso aprobó una Ley de Educación Nacional de Defensa (NDEA) que consignó fondos federales para mejorar la enseñanza de las áreas consideradas cruciales para la defensa nacional y seguridad. Las áreas que se consideraron fueron las matemáticas, idiomas extranjeros, y la ciencia. Entre 1945 y 1958, hubo un intenso debate sobre la ayuda federal para educación primaria y secundaria las escuelas. Intereses Especiales y la dinámica política bloquea la promulgación de legislación federal. sin embargo, en el 1957, la situación política ha cambiado en los tiempos de la Unión Soviética, el rival del los Estados de la Guerra Fría órbita con éxito Sputnik, un satélite espacial. El éxito espacial soviética y la difusión de errores espaciales estadounidenses crearon un clima de crisis nacional. Los críticos señalaron Con las deficiencias de los estudiantes estadounidenses en las matemáticas y las ciencias. Provocó la crisis del Sputnik legislación nacional para prestar apoyo a las actividades de capacitación, equipo y programas en campos vitales para la defensa. El Comunidad científica incluyendo universitarios y especialistas en programas de estudio son a menudo llamados a reconstruir tema contenido, especialmente en el nivel de secundaria.

Otro programa que la mayor participación financiera del gobierno federal fue aún más la Elemental y Ley de Enseñanza Secundaria (ESEA) de 1965. Mientras que la ciencia y NDEA destacó las matemáticas, la ESEA fue una respuesta federal al cambio social significativo tiene lugar en sociedad Americana. Muchos estudiantes africano-americanos, así como a los miembros de otras minorías grupos, especialmente en el interior de las zonas de la ciudad, fueron postergadas porque de sociales y las condiciones económicas. La ESEA relacionada con el Presidente Lyndon Johnson el programa, "La Guerra de La pobreza", que anima a los programas especiales para niños de familias de bajos ingresos. También creado una serie de programas educativos de la primera infancia desde el punto de vista económico y cultural de los niños desfavorecidos. Estos programas han tenido un impacto sobre la educación de la primera infancia no sólo para los niños de las minorías sino para todos los niños. Cuando la ESEA se pasó inmediatamente proporcionó $ 1- millones para complementar y mejorar la educación de los niños económicamente desfavorecidos. En 1981, Título I de ESEA fue revisado y ahora se denomina el Capítulo 1 de la consolidación educativa and Improvement Act (ECIA).

En el año 1992 Capítulo 1 financiación fue de cerca de $7 mil millones de dólares. Investigación indica que en el capítulo 1 los programas aún no asegurarse de que los alumnos adquieran los académicos y habilidades intelectuales necesarias para obtener buenos empleos en una economía moderna, sin embargo, en el Capítulo 1 Normalmente, los estudiantes obtener un año en lectura y matemáticas para cada año de participación en grados de la primaria y, por lo tanto, ya no quedan más atrás sus aventajados coetáneos. Varios persisten los problemas y muchos los alumnos desfavorecidos reciben sólo uno o dos años de servicios compensatorios y, a continuación, tienden a disminuir en logros relativos. Los participantes que inicio Lo de los promedios generalmente siguen ahí, y muchos de los Capítulo 1 los programas se ejecutan en el plano nacional se implementan de manera deficiente y poco eficaz.

Este capítulo hace hincapié en la importancia de la educación que ha sido abrazada por el mayor país de la tierra, los Estados Unidos de América. Si los Estados Unidos de América hace hincapié en la importancia de la educación para ayudarle a competir en la economía mundial, ¿cuánto más lo inmigrantes en este país es necesario acentuar educación, a fin de integrarse en este frenético país competitivo.

El siguiente capítulo se llevará dentro de la fuerza de trabajo trabajo de la vida de aquellos que no tienen un alto nivel de educación para obtener un buen trabajo con respecto a los que tienen un nivel educativo muy alto.

El Capítulo 5

La vida laboral

Es de sobra conocido que muchos países de todo el mundo no ofrecen el mismo trabajo Oportunidades para todas las clases de ciudadanos, que es la razón por la que muchas personas salen de sus países a incorporarse a la fuerza de trabajo en los Estados Unidos. A pesar de que un gran porcentaje de ellos son procedentes de diferentes razones, su llegada y su deseo de incorporarse a la fuerza de trabajo a menudo es por la supervivencia. De esta manera sin ningún conjunto de habilidades, más del 90 % de ellos rápidamente entran en la categoría de las personas de bajos ingresos antes de que puedan cumplir con los requisitos necesarios para obtener mayores ingresos. Por supuesto, algunas personas saben nadar más rápido que otros para salir del río que los países de bajos ingresos. Algunos lo ven como una vida normal, ya que es mejor que en sus lugares de origen debido a que puede ser la primera vez que alguna vez tener una marca en toda su vida, mientras que otros la miran como un camino del tránsito de una vida mejor. No importa cómo se mire, es el primer sabor de la libertad de libertad de trabajo. Por esta razón, muchas personas experimentan una gran alegría en este momento. El hecho de que ser financieramente independiente, que gozan de un gran poder: el poder de compra, para decidir, para poder ayudar a los demás y lo que quieras. Mientras que durante el período de transición es un poco difícil de; un error que debemos evitar hacer como un inmigrante está gastando hasta el último centavo. Tenemos que guardar en la medida de lo posible desde el principio; no importa qué camino tomar en adelante, va a necesitar apoyo financiero. Apoyo financiero es muy importante, especialmente para aquellos que soñar en grande y quiere lograr grandes. Este país no es como los países del tercer mundo donde se puede iniciar un negocio con una inversión inicial de $10 o una cantidad muy pequeña de dinero quickily y fácilmente en un gran tronco de efectivo. El sistema capitalista requiere más que eso. Puede haber un número mínimo de personas que empezaron con casi nada, y por suerte, en un abrir y cerrar de ojos, hacer su camino en el horizonte, pero es incierto.

Una de las cosas que le pueden ayudar a usted mucho, ya que un extranjero que emigra a los Estados Unidos que ha gran plan para el éxito es evitar las relaciones prematuras. Tener una familia es grande, pero que apresurarse a una relación que usted no está listo para tiene graves consecuencias. A pesar de todo aparecen nuevas y hermosas no debe ser una ocasión para que olvide su sueño. Saltar rápidamente en una relación puede arruinar su vida por completo. No es oro todo lo que reluce. Viven una vida puede ser muy aburrido, pero el hecho de tener una mala relación es irónicamente detrimento de la vida de una persona. El impacto puede ser un obstáculo para su desarrollo en la vida. Cuando se cae la primera vez, no puede ser capaz de volver a subir. No todo el mundo que entra tiene la oportunidad de volver a sus pies. O bien, una vez que cae la primera vez, usted está en un riesgo muy alto para caer otra vez. Vida no es un compartimiento estanco, uno tiene que avanzar o retroceder. En esa condición, retroceso será la elección esperada. He sido testigo de tantas personas que se encuentran atrapados en una mala relación, aunque se describen como dolor, se puede parar. Por lo tanto, comienza a saltar de una relación a otra. De esta manera, la oportunidad para la contratación de la enfermedad de transmisión sexual se encuentra en muy alto riesgo. Enfermedad tiene un gran impacto en la sociedad, tanto como una enfermedad y como fuente de discriminación. El enfermedad también tiene importantes repercusiones económicas. Hay muchas ideas falsas acerca de la enfermedad como el VIH/SIDA que muchas personas creen que pueden ser transmitidos por casual no contacto sexual.

La enfermedad también se ha convertido en el objeto de muchas controversias de religión. Internacional que ha atraído atención médica y política, así como financiamiento a gran escala desde que fue identificado en la década de 1980. Su sueño puede ser destrozada por la noticia de contraer una enfermedad como esa. Para evitar un terrible dolor es la clave para llevar una vida sana a caminar hacia su objetivo. Aunque hay un montón de personas que se ven afectadas por esta enfermedad, la fuerza de trabajo tiene que decir que su productividad no puede ser el mismo que el de las personas sanas. Cuando se enfrentan a desafíos que involucran el lugar de trabajo, tales como el estrés, las presiones y las humillaciones, que puede llegar a ser demasiado Escamas (poco confiable) para mantener esas fuerzas.

Vamos a ver lo que está en juego en la fuerza de trabajo en los Estados Unidos.

Usted puede haber oído que aquí la vida es muy sencilla, en comparación con la de otros países. De alguna forma, es este, ya que los estadounidenses gozan de un alto nivel de vida, pero muchos estadounidenses trabajan largas horas. Aquí la vida puede ser muy rápido en comparación con otras culturas. La ética en el trabajo es muy fuerte en este país, y el área de los negocios puede ser de tipo competitivo donde la productividad es lo esperado. Un negocio típico aquí abre sus puertas alrededor de las 9 de la mañana (esto puede variar algunos), con un breve descanso para el almuerzo al mediodía (1/2 hora) y, a continuación, permanece abierto hasta las 5:30. Una jornada de trabajo típica significa 8 horas de trabajo, con el descanso de mediodía, y de vez en cuando, un diez minutos de descanso durante la mitad de la mañana o por la tarde. Algunas empresas tienen más horas de trabajo, y esperamos que los empleados que habitualmente en horas extraordinarias. El ritmo de las empresas puede variar. Algunas empresas son de alta presión y de la competencia, y el ritmo es ocupado todo el día, mientras que otras pueden estar más tranquilos, pero las expectativas son generalmente de alto sin importar el ritmo. Retraso o llamando en enfermos muy a menudo es mal vista, y si bien la mayoría de las empresas tendrá un cierto número de días de baja por enfermedad previsto para el año en que estimulen a los trabajadores a no usarlas a menos que realmente sea necesario. La buena noticia es que la mayoría de las empresas tienen buenos beneficios, tales como días de vacaciones, seguro médico y dental, y otras opciones; y los empleados que trabajan duro son a menudo dado las promociones o se eleva a medida que pasa el tiempo.

El Instituto de Política Económica informa que aproximadamente el 24% (casi una cuarta parte) de todos hoy en día los trabajadores americanos ganan por debajo de la renta (US$8,71 por hora o menos.) de bajos ingresos los trabajadores tienden a ser las mujeres y las personas de color, y su bajo nivel de ingresos son a menudo el resultado de baja los salarios por hora de los contingentes, pocas horas, o puestos de trabajo temporales (por lo general, sin beneficios.) de baja los trabajadores remunerados, largas

54

horas de trabajo, siempre y cuando se les de a menudo son imprescindibles estudios recientes han pintado un cuadro sombrío de la American mundo laboral: días más largos, menos tiempo de vacaciones, jubilación, y que fue durante los años de la década de 1990. Los últimos meses no han hecho nada para aliviar esas condiciones, añadiendo la precariedad a la mezcla como un número creciente de empresas despedir a los trabajadores a "reducir" el desplome de la economía.

Los afortunados que aún tienen un trabajo puede esperar que se les pide que hagan más, para compensar la "Optimizado" fuerza de trabajo. Los estadounidenses no sólo están trabajando más horas que en cualquier otro momento desde las estadísticas se han mantenido, pero ahora también están trabajando más tiempo que nadie en el mundo industrializado. Y mientras que los trabajadores de otros países han visto reducir sus horas en la legislación se centró en la prevención de infracciones en la vida privada, los estadounidenses han sido va en la otra dirección.

Algunos libros han sido adoptados por un público que al parecer se siente acosado por las presiones de el lugar de trabajo. Road rage, los centros de trabajo, el aumento del número de niños colocados en guarderías y el aumento de la demanda en las escuelas para proporcionar actividades después de la escuela para ocupar a los niños cuyo los padres están demasiado ocupados se han señalado como evidencia de que los estadounidenses están tensos y exceso de trabajo. La Oficina de estadísticas del trabajo publicado el año pasado Fraser confirmación de lo que había oído en cuatro años de entrevistas con los trabajadores de cuello blanco. En 1999, más de 25 millones de estadounidenses- 20,5 por ciento de la fuerza total de dijeron que trabajaban por lo menos 49 horas a la semana, y 11 millones de los que trabajan más de 59 horas a la semana.

Encontramos que aproximadamente uno de cada cuatro trabajadores, edad de 18 a 61, ganaba menos de $7,73 la hora en 2003. Los trabajadores de bajos ingresos que residen en familias de bajos ingresos y con niños son considerablemente menos nivel educativo más alto que el de la media de los trabajadores, se concentran en las industrias con bajos salarios, y han
Limita las perspectivas de crecimiento de los salarios. Muchas de las políticas dirigidas a trabajadores de bajos salarios no están bien-dirigido a los trabajadores de las familias de bajos ingresos con hijos, en parte porque sólo uno de cada cuatro de baja los trabajadores residen en esas familias. Sin embargo, las políticas dirigidas a los trabajadores de bajos ingresos puede
Tiene amplios beneficios, entre ellos mejorar la suerte de las familias de bajos ingresos con hijos.

La frase "de bajo salario obra" evoca una imagen de los hombres y mujeres que luchan para apoyar sus familias, trabajan en empleos en el servicio doméstico de los empresarios quienes la consideran prescindibles. A dirección el problema de los "empleos con bajos salarios", los activistas se han llamado para el sector público para ampliar el trabajo de programas de apoyo, tales como los ingresos créditos de impuestos, subsidios a los salarios, los programas de capacitación y para imponer mandatos para elevar trabajador pagar mediante aumentos del salario mínimo,

55

proporcionan beneficios como seguro de salud y tiempo libre pagado, y la protección de los puestos de trabajo. Además, algunos empleadores del sector privado han implementado prácticas ofrecer a los trabajadores una mayor flexibilidad en la programación y el tiempo libre porque estas empresas a encontrar que estas prácticas mejoran la productividad y reducen los costos asociados con una elevada rotación de personal.

Esto proporciona una sólida base empírica de estas discusiones por definir y documentar la
Características de los trabajadores con salarios bajos y a sus empleadores. En particular, nos centramos en bajos salarios los trabajadores que residen en familias de bajos ingresos y apoyar a los niños. Se utiliza en todo el país satos representativos del 2004 Suplemento demográfico anual a la Población Actual encuesta para nuestro análisis.

Nos encontramos con que los trabajadores de bajos ingresos que residen en las familias de bajos ingresos con niños mucho menos educados y se concentran en las industrias con bajos salarios y las pobres perspectivas de crecimiento de los salarios. Muchas de las políticas dirigidas a trabajadores de bajos salarios no están bien dirigidos a los trabajadores de las familias de bajos ingresos con hijos, en parte, porque se trata de un pequeño subconjunto de los salarios bajos
Fuerza de Trabajo. Sin embargo, las políticas dirigidas a los trabajadores de bajos ingresos pueden tener amplios beneficios, entre ellas, el mejoramiento de la suerte de las familias de bajos ingresos con hijos. Además, otras políticas, tales como políticas de atención a la niñez, puede hacer frente a las necesidades de las familias de bajos ingresos con hijos, y algunos Políticas, tal como el mejoramiento de la carrera educación, pueden tener beneficios a largo plazo en relativamente bajo coste. Para pagar las prestaciones, los empleadores pueden reducir los trabajadores los salarios, restringir crecimiento de los salarios, o simplemente utilizar menos mano de obra. Alternativamente, pueden aceptar más pequeños márgenes de ganancia,
Reducir la compensación de más los trabajadores con salarios más altos, o trasladar los costos a los consumidores en la forma de precios más elevados. Los empleadores ser inteligente por corte de compensación a los trabajadores beneficios, los empleados se ven obligados a buscar ayuda para el subsidio por incapacidad sistema que, presumiblemente, disponible para las personas con discapacidad.

Aquellos que argumentan que la discapacidad se ha convertido en sistema ahogado con pretensiones exageradas no son es totalmente erróneo. En el año 2011, informó el periódico Wall Street Journal sobre David Daugherty, West Virginia juez, quien aparentemente había sello aprobación para todos pero cuatro de las 1.284 apelaciones discapacidad que vinieron antes que él. Se lo veía en connivencia con un abogado llamado Eric Conn, quien había anuncian sus servicios en los carteles como "Sr. Seguridad Social" y a veces "un réplica de sí mismo inflable para eventos." Es más rápido para los discapacitados los jueces para aprobar una discapacidad afirmación que para rechazar a uno, por lo que es fácil ver cómo menos de lo que merecen los casos que cruzar.

Debido a un aumento de la desigualdad de ingresos, las personas pobres pueden obtener ahora casi tanto sobre la discapacidad como en empleos de salario mínimo, siempre y cuando puedan demostrar que están enfermas. En el año 2006 análisis, los economistas David Autor y Mark Duggan halló que el principal motivo discapacidad los rollos se han hinchado es que las normas del programa se había liberalizado en 1984. La Seguridad Social administración se dirige a pesar de los candidatos el dolor y la molestia más fuertemente y de relajarse su enfermedad mental. (El gobierno tiene cuatro diferentes conjuntos de normas: uno para personas en virtud de la edad de 50 años, otro para aquellos entre 50 y 54 años, otro de 55-59años de edad, y una ultimo de los 60 años de edad y más.)

Para inscribirse, los solicitantes primer estado sus discapacidades y los nombres de sus médicos. Cada una de las aplicaciones es revisado por los funcionarios del estado y a veces por un médico independiente. Dos tercios de los solicitantes son rechazados después de este paso porque no tienen documentación médica que sus dolencias se mantendrá de trabajo, por lo menos durante un año. Desde allí, el solicitante puede apelar, y un oficial diferente devisará su papeleo. Después de eso, otro 11 por ciento de las solicitudes son aprobadas. Los casos rechazados son vistos por los jueces administrativos en las salas de todo el país. Según en un artículo reciente en el Washington Post investigación, todo el proceso puede durar muchos años. Si lo hacen a través de, los beneficiarios recibirán $13.740 al año, en promedio.

El problema es que, incluso si la sociedad decidiera que debe haber menos personas con discapacidad, el sistema se ha convertido en demasiado hinchado con sigilo pretendientes, y no está claro qué es lo que una quinta parte de la población de Grundy para sobrevivir. Es posible que algunos de los habitantes de la ciudad están fingiendo su discapacidad, pero es difícil imaginar que la mayoría de ellos son. Las personas que son gobierno inmerecida en masa por lo general no están alineados al amanecer para obtener sus dientes fijos en un cafetería de la escuela elemental.

Los residentes de Grundy a veces problemas durante los procedimientos judiciales, que se a través de video chat un palacio sobre las montañas de Bluefields. El magistrado, que es escuchando a los argumentos remotamente, debe considerar edad, educación, y de si el solicitante las habilidades pueden ser transferidos a otra línea de trabajo. "Si está físicamente o mentalmente capaz de realizar una trabajo, no la prueba de la discapacidad", dice Wegbreit. "No importa si ese trabajo no o no existe en su región del país. Y ese trabajo no existe en Buchanan county."

Las aplicaciones suficientes prestaciones de invalidez a través de proporcionar una red de seguridad económica para los residentes del condado Buchanan. Pero el gran número de beneficiarios también deprime aún más la zona de las nuevas empresas. Las compañías no están dispuestos a alquilar los enfermos, desgastados por los mineros.

"En este ámbito es una pesadilla de la discapacidad", ofrecemos dice. Cualquier empresa iniciar un negocio aquí sabe que un porcentaje importante de los trabajadores . "vamos a tener polvo en los pulmones, que son va a ser obesos, ya fumaba un paquete al día."

Debido a el aumento de la desigualdad de los ingresos, las personas pobres pueden ahora ganar tanto en materia de discapacidad que pueden en empleos de salario mínimo, siempre y cuando puedan demostrar que están enfermas.

Una vez que la gente sobre la discapacidad, que generalmente no volver a un empleo remunerado. Aunque son no cuentan en las estadísticas de desempleo, funcionalmente, se convierten en el largo plazo desempleados de caer en un agujero económico en el que resulta tremendamente difícil de garra.

Personas que Trabajan por Cuenta Propia puede pensar en estar fuera del trabajo de relajar, pero puestos de trabajo proporcionan identidad y el propósito. "Cualquiera que sea el trabajo, puede dar un sentido de pertenencia, de ser un colaborador; un parte importante, sin embargo serviles, de una organización con un mayor efecto, una parte valiosa de sociedad," escribió Tom freidoras, profesor de salud pública de la Universidad de Leicester, en El REINO UNIDO, en un documento reciente. "El trabajo puede proporcionar una estructura para el día, semana y año sin que la vida sólo se desvía."

La pereza, por su parte, reducen aún más cuerpos y mentes. La tasa de depresión es 19 por ciento entre las personas que han estado en paro durante un año, en comparación con sólo 10 a 11 por ciento de gente que se iba sin empleos para unas pocas semanas. A pesar de que no afrontan los mismos las tensiones financieras como los desempleados de larga duración, las personas con discapacidad siguen sufriendo las consecuencias sanitarias efectos de estar desempleados. Los investigadores también han encontrado altos niveles de depresión entre los beneficiarios sobre el bienestar, por ejemplo.

"Una vez que estés en el sofá, los músculos se debilitan, se va a aumentar de peso, no te Físicamente capaz de volver en la mina de carbón", ofrecemos. La falta de trabajo ha demostrado para aumentar el riesgo de muerte prematura, especialmente para los hombres.

El problema, al igual que ofrecemos, no es sólo que la economía es limitada, o de la región educación y los sistemas de salud podría utilizar una revisión. El condado de salud se ha sido tan pobre para en tanto, dice, que los lugareños han establecido sus expectativas demasiado baja. Y una vez que todos los pueblos, los empresarios, los médicos, el gobierno acepta que las sombrías visión, que se endurece en realidad. Lo que hace que no hay vida después del carbón.

.Se trata de "Sólo hay que tirar mis dientes', o 'El abuelo murió cuando él era 50' o 'Mamá ya está en oxígeno". Ofrecemos me dice, su voz cada vez más exasperada, se hace clic por medio de rayos-x en su oficina improvisada. "Hay una negativa actitud fatalista. Tenemos que tener una expectativa de salud y salud."

Hay indicios de que la mayor parte de las personas fueron sobrecargados los trabajadores no manuales, que no un punzón un reloj y cuyas horas, por lo tanto, son los más difíciles de detectar. Libro de Schor 1997, que se convirtió en un best-seller, dijo que en 1990 los estadounidenses trabajan una media de casi un mes más al año que en 1970. Las estadísticas indican que la tendencia que descrito no ha sido revertido en la última década.

Ciulla el libro es, tal vez, la menos pesimista y más amplia, en relación a los norteamericanos
El lugar de trabajo, pero que comparte la opinión de que Schor, más que nunca, la labor del pueblo domina vive en este país.

No todo el mundo ha estado de acuerdo con las conclusiones los tres autores del estudio de los diversos los estudios estadísticos de los estadounidenses en el lugar de trabajo, las encuestas de la revista Fortune Fortune 500 de CEOs, a estudios de la Organización Internacional del Trabajo para los trabajadores de todo el mundo, y de hablar con los trabajadores Estadounidenses.

Los disidentes de indicios de que los trabajadores sobreestimar sistemáticamente la cantidad de tiempo que pasar en el trabajo, y, por tanto, descontar los estudios basados en la información de los trabajadores mismos. En lugar de ello, se ven en estudios sobre la base de horas de trabajo por parte de los empleadores, informó que aunque deja las horas extraordinarias trabajadas por los empleados desaparecidos.

Las demás pruebas a menudo señaló, que gente que no está realmente trabajando en la medida de lo que dicen es el aumento del número de puestos de trabajo a tiempo parcial. ¿Cómo puede la gente trabajando más, si no hay más personas trabajando a tiempo completo?

Pero la evidencia presentada por el Senador Fraser, Schor y Ciulla y se reunió por millones de personas cada día, es que los estadounidenses se sienten que están trabajando más que nunca.
Actualización 3/6/2013: El Dow marcó un récord el martes, pero que va ganando? Las condiciones de recuperación de los Estados Unidos en este escrito hace casi dos años sólo han continuado-las ganancias de las empresas han crecido a una tasa anualizada del 20 por ciento desde finales de 2008, según el New York Times, mientras que los estadounidenses de la renta disponible se acercó un poco más adelante 1.4 por ciento en comparación. O, que es uno de los principales economistas de Bank of America le dijo al Times: "hasta ahora en
Esta recuperación, las empresas se han capturado extraordinariamente la cuota de beneficios para el ingreso." Aquí por qué.

En un brillante día de la primavera en wisteria llenos de patio lleno de seriedad, si la mitad de borracho, conferencia los asistentes, nos habla con un colega periodista de todos los puestos de trabajo que nos sabía de que lban vacíos, o ser absorbidos manejado "en el lateral." era difícil para todos los interesados, pero es necesario, hacer más con menos.

La vieja escuela de frase dio forma a algo que habíamos estado observando con creciente aprensión, y periodismo va mucho más allá. Nos gustaría escuchar de los profesionales creativos en lo que parece ser sueño los trabajos que se desmoronan bajo cada vez mayor en las listas de tareas de la parada de autobús. Los conductores, hospital los técnicos, los trabajadores de la construcción, médicos y abogados que vergüenza y facedly susurró que no importa que tan duro que trataron de mantener el ritmo de las horas extras y tareas adicionales, simplemente no podían celebrar juntos. También leer relatos en primera persona por el exceso de trabajo y cuentos 12
Tablas de cuánto se exige de los trabajadores estadounidenses.

Aceleración de Webster define como "un patrón de demanda de aumento acelerado sin salida
Pagar", y lo que solía ser una palabra de uso cotidiano. Sus jefes se acelerar la línea que se va a llenar un pedido grande, goose beneficios, o castigar a una fuerza ingobernable. Reconoce que los trabajadores, los sindicatos (¿se acuerda de ellos?) buscaba y negociados con él, y, si es necesario, salimos de él.

Pero ahora ya ni siquiera reconocer que no en trabajos manuales, no en blanco o rosa collar-
Trabajos manuales, no en textos de economía, y no cabe duda de que en los medios de comunicación (excepto cuando los periodistas queja sobre el personal de trabajo de redacción). Ahora, la palabra que se utiliza es "productividad", un plazo insidiosa en tanto su uso y arrastre. La no-tan-sutil implicación es siempre: no te desea ser un miembro productivo de la sociedad? Los expertos de todo el espectro político revel en la realidad la productividad DE LOS ESTADOS UNIDOS (alias producción económica por hora trabajada) siempre lleva el mundo. Sí, año tras año, los Estadounidenses exprimir aún más en el valor de cada minuto en el trabajo que hicimos el año anterior. U-S-A! U-S-A!

Salvo lo que es bueno para los negocios estadounidenses no es necesariamente bueno para los estadounidenses. No sólo estamos trabaje de forma más inteligente, pero también es más difícil. Y más difícil. Y más difícil, hasta el punto en el que el conductor ya no es la laboriosidad, sino algo mucho más depredadora. La productividad ha aumentado, pero los ingresos y los salarios se han estancado en la mayoría de los estadounidenses. Si el ingreso medio de los hogares ha mantenido ritmo de la economía desde 1970, ahora sería casi $92.000 , $50.000 .

Suena familiar: Cuenta racing a las 4 de la mañana ? Reo darse cuenta que has estado sólo la mitad de escuchar a su niño de la hora anterior? Comprobar el correo electrónico en un semáforo, a la hora de la cena, en la cama? Oyendo una vez agradable de las desviaciones, como cenas con amigos, como sólo una cosa más de su lista de cosas que hacer?

Adivina qué: No se trata de usted. Estos pueden parecer problemas personales y por supuesto, el industria farmacéutica se complace en perpetuar la noción, pero son realmente económicos problemas. Contando que en los libros (no importa las 11 horas correos electrónicos), los estadounidenses ahora en un promedio de 122 horas más al año que británicos y 378 horas (casi 10 semanas!). Más de los alemanes. El diferencial no es únicamente por un mayor número de horas, por supuesto-el mundo, casi todo el mundo excepto en ee.uu. ha, por lo menos en el papel, un derecho a los fines de semana, pagado tiempo de vacaciones (PDF), y licencia de maternidad pagada.

Para entender cómo hemos llegado hasta aquí, veamos primero el Ben Franklin-Horatio Alger-Henry Ford ur-mito: oponiéndose a trabajar duro y muy muy dura de las marcas que tan profundamente antiamericano. Que además de los típicos laborioso asalariado japonés se deriva tanto de su auto-imagen de la libre sacrificio en el trabajo? Slacker es uno de los más mordaces los insultos disponible en amable compañía.

"Estoy agotado", dijo a "tiempo parcial" colegio instructor en Illinois. "No puedo ayudar a mi hijo con su la tarea porque estoy clasificación documentos hasta la noche. Me levanto muy temprano en la semana, salte el almuerzo para guardar y no el dinero, y el volumen de trabajo no le permite. Mi empleador utiliza y los abusos contra los empleados de tiempo completo incluso más que aquellos de nosotros que son cada hora. Mi supervisor, para ejemplo, se ejecuta un gran departamento. Fue ascendido a sólo un nuevo y aún más exigente posición, mientras que su ejecución del departamento no serán cubiertos. Pero en la actualidad se puede hacer lo que es 60-A-70-hora trabajo en el lateral." Yo no me puedo quejar sobre el exceso de trabajo, porque todo el mundo está compitiendo para obtener clases suficientes para pagar las cuentas. Si usted pierde una clase, se pierde una parte de su cheque de sueldo. Si no podemos controlar, la clase siempre se puede dar a otro maestro que será desesperada por el trabajo o el dinero".

Seguro, pero estos son momentos difíciles de los empresarios luchan por sobrevivir a la recesión son solo apretar sus cinturones, ¿verdad? Esto es cierto para algunos. Pero en el panorama general, los datos muestran que la más insidiosa patrón. Examinar las tablas anteriores: Después de un fuerte descenso en 2008 y 2009, EE.UU. producción económica recuperado bien de cerca los niveles anteriores a la recesión, no mejor que la mayoría de nuestros conciudadanos G-7 las economías. Pero no para los trabajadores Estadounidenses: Mucha más gente aquí perdieron sus puestos de trabajo, y se contrataron menos de una vez que la recuperación empezó a cualquier otro lugar.

Ahora, algunos de los trabajos siempre "racionalizarán" de distancia, gracias a tecnológico o de organización las mejoras de una zona en la que, no es patriotero que decir, los EE.UU. ha llevado su europeo homólogos. Pero esa "brecha de productividad" se ha reducido considerablemente, y en cualquier caso, no existe ciertamente no fue espectacular avance tecnológico o eficiencia entre 2008 y 2010 (bastante-Twitter/Facebook/Farmville, lo contrario).

¿Qué hay de la deslocalización? La verdad es que es un factor a tener en cuenta. Pero cada vez más, los trabajadores estadounidenses están cayendo también presa de lo que llamaremos la descarga: reducción de puestos de trabajo y descarga de la obra en el resto del personal.

Considerar un reciente del Wall Street Journal cuento sobre "superjobs", una ingeniosa eufemismo para empleados hace más de un trabajo de trabajos por un valor de más de la mitad de los trabajadores encuestados dijeron que sus trabajos se ha ampliado, por lo general sin levantar o bono.

En todas las charlas de la "recuperación sin empleo", ¿con qué frecuencia alguien explicar la simple hazaña por lo que este proceso se lleva a cabo realmente? ESTADOS UNIDOS, la productividad ha aumentado dos veces más rápido en el año 2009 como lo había hecho

En 2008, y dos veces más rápido una vez más en 2010: la fuerza laboral, salida, y aquí están! No pregunto los beneficios empresariales son un 22 por ciento desde 2007, según un nuevo informe de la instituto de Política Económica. Repito:. Veinte y dos (22%) por ciento.

Esto no es nada corto de un mar de cambios. Como Universidad de California-Berkeley economista Brad deLong, hasta que no hace mucho tiempo, "las empresas se quedaría con los trabajadores en períodos de desaceleración incluso cuando que no había suficiente para que lo de que los pondría a trabajar la pintura de fábrica porque las empresas no quieren que sus trabajadores calificados y experimentados alejarse y, a continuación, tendrá que ir a través de los gastos y pérdida de formación de los nuevos. Esa era. Estos días las empresas ventaja de las caídas de la demanda para racionalizar las operaciones y aumentar la productividad de la mano de obra, escrito necesidad de la empresa a sus trabajadores".

¿Cómo las empresas de Estados Unidos tienen el descaro? Prácticamente sabes la respuesta, pero para el confirmación de Erica Groshen, vice presidente en el Banco de la Reserva Federal de Nueva York: Es más fácil que, por ejemplo, en el Reino Unido o Alemania "a los empresarios para evitar la adición permanente los trabajos", dijo a la AP recientemente. "Son menos limitado a las tradicionales de recursos humanos [Traducción prácticas: decencia] o contratos sindicales." En locuciones Inglés, aquí la política Rutgers científico Carl Van Horn: "Todo se inclina a favor de los empleadores ... El empleado no tiene apalancamiento. Si el jefe dice, "quiero que venga en los próximos dos Sábados", ¿qué es lo que van a decir no?" Y, a fin de evitar que CNBC hornswoggle, es no sólo un producto de la recesión. En los últimos década, los salarios se estancaron y las cargas creció, pero Wall Street bubble de nos permitió ahogar a nuestros

dolores de crédito. Luego vino el choque y la aceleración... acelerado.

Los trabajadores y las familias

Las familias de los trabajadores pagan demasiado dinero en impuestos estatales y locales. Recuerde que cuando un presidente candidato dijo en su famosa frase, "Cuarenta y siete por ciento de los estadounidenses no pagan impuesto a la renta" .... ? Según en el Centro de Política Tributaria, que es la fracción aproximada de los hogares

que no federal impuesto sobre la renta de 2009. Pero, como el Centro de Política Tributaria pasó a explicar, casi dos tercios de los
47 Por ciento los impuestos sobre la nómina salarial y que ayudan a financiar Seguridad Social y Medicare. El temporalmente desempleados, aquellos que utilizan para trabajar y ya retirados, quienes hacen demasiado poco de estar sujeto al pago del impuesto sobre la renta, y los empresarios cuyos negocios experimentan una pérdida puede no se puede pagar el impuesto sobre la renta o impuesto de nómina en un determinado año, pero se han contribuido en gran medida en el tiempo. Y no olvidemos los ricos y las grandes empresas que explotan las lagunas para evitar el pago de impuestos.

La Cámara de Representantes aprobó H. R. 30, un proyecto de ley a la Ley de Atención asequible requisito de que los empleadores proporcionen cobertura de salud para los empleados que trabajan al menos 30 horas semana, por la que se modifica, de modo que los empleadores sólo sería necesaria para proveer un seguro de salud cobertura a las personas que trabajan 40 horas por semana.

Genio organizador Ai-Jen Poo con frecuencia habla acerca de cómo los trabajadores de asistencia a domicilio y otras nacionales los trabajadores son los trabajadores invisibles: realización de la vida trabajar a cambio de salarios bajos y no beneficios día a día. Pero la última vez en St. Louis en el aumento Los trabajadores de asistencia a domicilio los trabajadores de asistencia a domicilio conferencia hizo sus sueños y sus luchas muy visibles. Vinieron
En todo el país para concretar los planes para un futuro mejor para sí mismos, sus los niños, y los consumidores a los que atienden.

Una mayoría del Senado votó a favor de continuar el debate sobre el cheque Ley para la Equidad, un proyecto de ley que sería fortalecer las leyes vigentes contra la discriminación salarial y que sea más fácil para que las mujeres asegúrese de que sus empleadores les pagan bastante. La votación sobre el fondo de este proyecto de ley es largo desde hace tiempo, y aprobación por parte del Senado sería un paso muy importante hacia adelante.

Pero el cheque Ley para la equidad no es la única ley que puede ayudar a cerrar la brecha entre la mujer y las ganancias de los hombres, que no ha variado en la última década, como las mujeres que trabajan tiempo completo, todo el año aún están por lo general pagan 77 centavos por cada dólar pagado a sus homólogos masculinos. Una de las razones para este persistente brecha salarial es que las mujeres constituyen la mayoría de trabajos con bajos salarios: para empezar,
Ellas constituyen dos tercios de los trabajadores con salario mínimo. Otro proyecto de ley, la Ley del salario mínimo, la remuneración de estos trabajadores, incrementando gradualmente el salario mínimo federal de $7.25 a $10.10 Por hora, el aumento del salario mínimo en efectivo con punta de $2.13 por hora a 70 por ciento de el salario mínimo, y estos salarios indexado para mantenerse a la par de la inflación.

Obama mencionó que una media docena de veces en su discurso sobre el estado de la Unión, y el Presidente de la cámara John Boehner recientemente dijo a Obama que "stand up de la clase media los puestos de trabajo." Los expertos animar el medio clase. Los políticos alabar sus virtudes. Google dice que se ha denominado la "columna vertebral del país" al menos 2.3 millones de veces. Totalmente paralizada desde Washington a las ciudades y los pueblos en todas partes, la clase media es de lejos favoritas de América grupo socioeconómico.

Los economistas y los sociólogos dicen que eso es un gran problema. Las decisiones se toman, las leyes son escritas y las elecciones se ganan o se pierden en función de las creencias de la gente acerca de la clase media y lo que significa el país. Una nación que valora la clase media, que dicen, realmente debería estar mejor en la definición . "Es una cosa extraña," dijo Jim Brock, economista de la Universidad de Miami. "Hay una gran diferencia entre lo que nuestra percepción de lo que es un clase media y estilo de vida es lo que dicen las estadísticas disponibles Ee.uu. del medio es.. Estrictamente hablando, la mediana, o medio, de los ingresos de los hogares en el hoy los Estados es de $50.054 . Eso es fácil. La parte más difícil es averiguar cómo muy por encima o por debajo del los ingresos de una persona media puede seguir siendo considerada de clase media. Incluso las familias de seis las cifras son "mucho más cómodo que se llamaban a sí mismos "clase media superior." Es posible que tengan mucho dinero, pero no quieren que se sienta diferente."

Un montón de personas inteligentes han tenido una puñalada en la cuestión. En los últimos años, el "medio clase" escala de ingresos ha sido descrito como entre $32.900 y $64.000 al año (un Pew estudio Charitable Trusts), entre $50.800 y $122.000 (un Departamento de Comercio de EE.UU. Estudio), y entre $20.600 y $102.000 (la Oficina del Censo de los ESTADOS UNIDOS la media de 60% de los ingresos).

Psicólogo Ken Eisold, un contribuyente a la psicología hoy en día, señaló, sin embargo, que la forma en que la gente describir su condición social tiene más que ver con lo que está sucediendo en su cabeza que en sus billeteras. "Es realmente más acerca de la identidad", dijo. Incluso las familias de seis cifras "son mucho más cómodas que se llamaban a sí mismos "clase media superior." pueden tener un montón de dinero, pero no quieren sentirse diferente."

Cuando los encuestadores Pew dio a la gente la posibilidad de elegir entre baja, media o alta, la clase, el 17% se describen como clase alta y el 32% de clase baja. Cuando Gallup dio a la gente más opciones, por ejemplo como "clase obrera" y "clase media alta", sólo el 2% dijo que fueran de la clase superior y el 10% eligió menor.

UN 2008 encuesta Pew encontró que el 40% de los estadounidenses con ingresos inferiores a 20.000 dólares, aproximadamente equivalente a la línea de la pobreza, se describen a sí mismos como clase media. Y un tercio con los ingresos por encima de los $150.000 que son clase media, demasiado. A la hora de elegir, la gente tiende a inclinarse hacia la medio. Donna Palmatary y Katherine Stillwell son algunos ejemplos. Palmatary, de 49 años, vive con su marido en los suburbios de Cincinnati Él es ingeniero y trabaja tiempo parcial desde casa. Con un hija en el colegio, dijo, se requiere de $75.000 a $125.000 para una familia para vivir cómodamente. Stillwell, de 60 años,

vive sola en Dayton, Ky., y cuenta con la ayuda de sus hijos adultos. Es una persona con discapacidad después de años de trabajo como conductor de camión y vive en una fracción de los ingresos que una vez lo hicieron. Las mujeres dicen que son parte de la clase media. "Yo siempre me he considerado medio clase, no sólo porque de las finanzas, pero debido a la forma en que vivía", Stillwell. "Lo sigo haciendo. Es
Sobre todo actitud".

También cuestiones de estilo Palmatary. Dijo frugalidad, enfocada en la familia y el deseo de ver su los niños pueden hacer mejor que todos ustedes son rasgos de clase media. Los ingresos también es importante, dijo. Clase media
Las familias deben ganar lo suficiente para mantener una casa, un coche y tienen una vida confortable a los niños. "Hay que trabajar por lo que tienes", dijo Palmatary. "No creo que haya nadie en el clase media se llaman a sí mismos ricos. Que Donald Trump o Martha Stewart o Warren Buffett." Por lo tanto, si Trump está en la parte superior de la pila, ¿dónde está el centro?

Los economistas suelen comenzar con el medio 20% del país - personas que ganan entre $39.000 y 63.000 dólares al año, y trabajar su camino hacia fuera. Algunos, a continuación, estirar la definición al incluir el media de 60 %, que tiene un ingreso de $20.600 a $102.000 . Porque esa es una amplia gama, otros factores que entran en juego: propiedad de la vivienda, ahorro, una educación universitaria. Ninguno de esos cálculos, sin embargo, genera una descripción precisa de lo que es, o no lo es, una clase media hogar.

La globalización y los avances tecnológicos empezaron a invertir el crecimiento de la clase media. El base de fabricación en los Estados Unidos cambió, como buenos empleos en las fábricas y pesado irse al extranjero a las industrias de menor remuneración y los sindicatos los mercados han perdido mucho de su capacidad de para negociar los salarios elevados y buenos beneficios. Más tarde, puestos de trabajo de cuello blanco y los datos de contabilidad
Entrada a la lectura imágenes médicas y contestar teléfonos de centros de llamadas offshore también se han enviado. Muchos de los trabajos que se mantuvo en los EE.UU. fueron eliminados por los equipos tecnológicos y otros los avances que el aumento de la productividad.

Para lograr o mantener un estilo de clase media, muchos hogares se convirtieron en dos de los ingresos familiares. La clase media objetivos se hizo más difícil que los empleadores eliminaron sus planes de pensiones y planes de beneficios definidos, el costo de una educación universitaria siguen aumentando y el costo de salud saltó. Para la mayoría de los 20 años posteriores a 1990, el Departamento de Comercio los informes de que la mediana de los ingresos reales crecieron a una tasa de alrededor del 20 %, mientras que el costo de un colegio educación aumentó entre 43% y 60 %, el costo de la vivienda creció un 56% y los costes de la atención sanitaria
Aumentó en 155 %.

A pesar de que hay retos importantes para obtener estatus de clase media, hay algunos Medidas proactivas que pueden ayudar a que el sueño se haga realidad. Presupuesto es uno de los más evidentes. Entender dónde va su dinero cada mes puede ayudarle a determinar la composición exacta de los puntos de referencia que están tratando de igualar. Planificación es otro paso fundamental. Son los chicos que están en una universidad estatal o un colegio privado? Son becas una opción? Algunos entendidos en las familias a encontrar dinero para la universidad, participando en programas las familias que pueden ayudar con los costos relacionados con el envío de un niño a la universidad.

Trabajo es otro de los requisitos. Un segundo trabajo o una empresa paralela puede ser justo lo que usted necesidad de aumentar sus ingresos y alcanzar algunas de sus metas. Poner su dinero a trabajar es también una consideración importante. Invertir ha ayudado a crear riqueza para las futuras generaciones. De hecho, los perceptores de rentas clasificado en el top 1% de aumentos significativos de la riqueza incluso en el medio clase cayó en decadencia. La mayoría de la riqueza provino de las inversiones. Incluso si usted no tiene el medios para invertir en los ingresos actuales, puede tomar unos cuantos dólares de cada cheque de sueldo y ahorrar para
Su jubilación.

No se debe subestimar el papel de duro trabajo y suerte. A veces estar en el lugar adecuado, en el momento justo o tomar un curso particular de acción en vez de otro, puede hacer que toda la diferencia. Por lo tanto para continuar viendo las oportunidades y hacer el la mayoría de ellos cuando los encuentre. Como movimiento-imagen magnate Samuel Goldwyn dijo, "cuanto más trabajo, más suerte tengo." Si en cada sociedad encontramos que el trabajo desempeña un papel importante en la tarea de sostener la vida, la ley y reglamento se crucial para el buen funcionamiento de nuestra sociedad. El siguiente capítulo se acerca del artículo y reglamento que rige a nuestra comunidad.

El Capítulo 6

Las reglas del juego

Lo que siempre se conecta pasa desapercibido que la ley es una parte integral de nuestra vida. Muchas personas no entiendo que la misma forma en que necesitan tantos diferentes cosas importantes para vivir su vida, las leyes y reglamentos deben estar en el centro de la margen para regular nuestra acción. Ley es nada nuevo para la raza humana. Nos encontramos con la primera ley de la creación cuando Dios creó a Adán y lo colocó en el jardín dijo, "Entonces el SEÑOR Dios tomó al hombre, y le puso en el jardín del Edén para cultivar y mantener. El SEÑOR Dios mandó al hombre, diciendo: "De cualquier árbol del jardín puedes comer libremente; sin embargo, desde el árbol del conocimiento del bien y del mal no comerás, porque el día que usted come de lo que seguramente va a morir" ." cuando nos fijamos en la definición de "ley" no es nada más que las reglas que se aplican para regir los comportamientos.

Dios fue bueno en su creación como el creador del universo, él sabe que los seres humanos no pueden función sin estar bajo la ley, es por eso que Él se asegura de que cada una de las personas experimenta una parte igual de la ley, en la que aparecen impresos en el corazón de cada ser humano es algo escrito por el dedo de Dios. "De hecho, cuando Gentiles, que no tienen los ley de la naturaleza las cosas requeridas por la ley, son ley para sí mismos, a pesar de que hacer no tienen la ley." (Romanos 2:14) es la que denominamos "la ley de la conciencia." Este versículo bíblico es bastante nos dice que la ley de Dios está escrita en nuestras conciencias. En nuestro espíritu, sabemos entre el bien y el mal. Nuestra mente continuamente sostiene con nuestro espíritu. La mente nos dice que es aceptable para hacer mal. Nuestra conciencia que todavía estamos mal.

Está en nuestra naturaleza para luchar contra nuestra conciencia, tratando de justificar nuestro pecado y el mal. Pecado, porque nos gusta cada uno de nosotros nace con una naturaleza pecaminosa. Sin embargo, esta ley de Dios escrita en nuestra conciencia es un especial amigo. Por lo general, argumentan con nuestra conciencia tanto tiempo que ya no son capaces de escuchar lo que se nos está diciendo, aunque no cesa de hablar. Si estamos en cumplimiento con la ley de nuestro conciencia, no hay duda alguna ley de gobierno y otras normas institucionales será un problema en nuestras vidas.

Emigrar a un país nuevo es todo un proceso de aprendizaje que incluye aprender la ley Y reglamentos. No sólo las leyes son diferentes de país a país, de región a región, pero Incluso en el mismo país leyes cambian de vez en cuando. Si tenemos que muchas personas que son nativos y encontrar que es difícil mantenerse al día con todas las leyes, ¿cuánto más difícil será encontrar que para aprender y familiarizarse con ellos como un nuevo inmigrante? Pero es algo que tenemos que hacer porque cuando no sabemos la ley, finalmente, violan y pagar el precio por ello. El precio puede ser grande o pequeña dependiendo de la naturaleza de la infracción. Debemos llegar a la ley.

Una cosa que usted no quiere ver pasar a usted como inmigrante es a ir a la cárcel y tener un registro. Por supuesto, los Estados Unidos es un país de inmigrantes, pero los inmigrantes que quieran jugar por las normas y cumplir con las leyes. Tener un historial limpio es muy importante en el proceso de darse a conocer en el país. El registro puede ser considerado como su pasaporte puede ser en algunas economías en transición mientras durante su vida en los Estados Unidos. Por lo tanto, si no puede mantener su registro limpio, no sólo puede perder sus derechos civiles pero también puede no ser capaz de encontrar el trabajo menos importante en este país. Las personas a menudo se olvidan de su valor; no hay que olvidar lo que representamos como inmigrantes. Los inmigrantes contribuyen en gran medida a la economía de ese país. Las estadísticas revelan que la mayoría de los ESTADOS UNIDOS las empresas del sector industrial pertenecen a inmigrantes o hijos de inmigrantes. Si nos olvidamos que somos y que nuestras emociones y nuestras acciones nos ha puesto en conflicto con la ley, el resultado puede ser muy grave para nosotros y para las generaciones por venir. Debemos evitar hacer ciertas cosas que sospechosamente puede ser una violación de la ley. Además, debemos estar atentos a los cambios de la ley, al hacerlo, nos ayuda a estar en conformidad con la ley. Aquí están algunos consejos acerca de cómo mantenerse en cumplimiento con la ley:

Siga su instinto.

Puede que haya tenido problemas en el pasado porque no siga su instinto. Si
Su instinto le dice que algo es una mala idea, o que una persona no vale
Salir con, a continuación, debe seguir su instinto. No tenga miedo de confiar en tu
Gut si le indica a correr 100 millas (160 km) en la otra dirección. Si usted tiene un sentido
Que algo está mal, incluso si no se puede determinar por qué, entonces, lo más probable es que usted tiene razón. En general, si un amigo le sugiere hacer algo y te lo tienen que poner en duda, incluso una vez, entonces, es el momento de retroceder.

Pasar tiempo con su familia

En la medida en que su familia es un lugar donde se sienta seguro y querido, usted debe pasar mucho tiempo como se puede con los miembros de su familia, de tal manera que usted está rodeado de influencias positivas. Seguro que sí, pero no se siente frío de noche de cine con papá y mamá o para ayudar a su hermana con su proyecto de ciencias, pero su familia siempre estará ahí para usted, y es importante para crear un bonos saludables con los miembros de su familia tanto como se pueda. Cuando usted está colgando hacia fuera con su familia, para que no tengas la oportunidad de meterse en problemas, ¿verdad? La verdad es que es cierto que manos ociosas que el trabajo del diablo, y cuanto más tiempo pase con su familia, menor es el tiempo que tendrá que pasar buscando y meterse en problemas. Hacer una rutina semanal para usted. Tener noches familiares todos los fines de semana, tiempo para realizar labores durante la semana, y el tiempo para ayudar a sus hermanos en lo menos una o dos veces por semana.

Evitar la gente equivocada

Las personas que se puede estar en problemas puede ser su mejor amigo. Si ese es el
Así, entonces, es el momento de encontrar nuevas y mejores amigos. Seguro, que no
puede ser lo que usted quería para escuchar, pero si de verdad quieres estar fuera de
problemas, entonces no se puede salir con la mismas personas que tienes en el centro de
detención. Seguro, si usted y todos sus amigos han decidido para mantenerse fuera de
problemas juntos, eso es otra cosa, pero ¿con qué frecuencia eso? Es tiempo para
regresar lentamente a las personas que están causando daño a su propia reputación de
amabilidad y tan amable como sea posible. Usted puede pensar que usted puede
decidir estancia en la vía mientras se encuentren amigos con las personas que siempre
están en apuros, pero por desgracia, aún se asocia con ellos, y será mucho más probable
que obtenga en problemas por algo que hicieron, incluso si eran inocentes. Nadie dijo
que esto era justo.

Hacer amistades que son influencias positivas

Si eres amigo de las personas que son buenos estudiantes, tienen metas significativas, y
vivir vidas positivas, entonces usted es muy probable que se contagie. Si estás solo
amigos con negativo agitadores, entonces es mucho más probable que sea uno. Aunque
puede ser difícil de encontrar inmediatamente nuevos amigos que están haciendo un
gran en la escuela, mire a su alrededor su las clases o su barrio y ver si puedes encontrar
a gente que parece simpática, agradable, y dispuestos a asumir en un rezagado. Muy
pronto, usted podrá ver que estás fuera de problemas por hacer cosas divertidas con
nuevas personas con la misma mentalidad. Usted puede encontrar estos amigos en
clubes deportivos o equipos (más información en la sección siguiente) o mediante la
participación en una variedad de otras actividades.

Desarrollar relaciones positivas con sus profesores.

Otra gran manera de mantenerse fuera de problemas es el de desarrollar un fuerte
vínculo con sus maestros, o por lo menos algunos de ellos. Esto no significa que usted
tiene que chupar de ellos o tratar de ser su mejor amigo, pero lo que sí significa es que
usted debe ser un buen estudiante, presentarse a clase a tiempo, vienen para ayuda
adicional, y preguntar preguntas útiles durante la clase para demostrar que usted cuida.
Si es un inicio irregular con algunos de sus profesores, sabemos que se puede ganar a lo
largo con bastante trabajo y el esfuerzo, incluso si lleva tiempo. Está en el maestro es
bueno es una excelente manera de mantenerse fuera de problemas. Si les gusta, será
menos probable que castigar a usted o a encontrar fallas en usted.

Encontrar un modelo de rol

Tener un modelo de rol que realmente mirar hasta le puede ayudar a conseguir el éxito y
para que el decisiones correctas. Su modelo a seguir puede ser su mamá o papá, un
hermano mayor, profesor de escuela, un amigo de la familia en el barrio, un club, o líder
de la iglesia, un abuelo, o realmente quien le inspira a hacer bien en la vida. Usted puede

venir a esta persona para asesoramiento sobre cómo no sólo mantenerse fuera de problemas, sino en la forma de hacer algo significativo con su vida. Un modelo que puede venir con regularidad puede terminar siendo una de las más grandes, y la mayoría de larga duración influye en tu vida. Es importante encontrar a una persona que está viviendo una vida que admire. Esto no significa que su modelo a seguir tiene que ser perfecto, si él o ella ha cometido errores en el camino y aprender de ellos, incluso mejor.

Mantenerse ocupada y activa

Usted puede unirse a un equipo deportivo. Unirse a un equipo deportivo, tanto si se trata de un equipo de la escuela o en su comunidad, es una excelente forma de mantenerse fuera de problemas. Si estás jugando a fútbol, el baloncesto o el béisbol, deporte de equipo es una gran manera de conocer interesantes, atlético y pueblos y encontrar algo que hacer otra cosa que meterse en problemas. Usted no tiene que ser el próximo LeBron para unirse a un equipo deportivo y comience a hacer algunas significativas conexiones con la gente. Incluso puede centrarse en convertirse en el líder del equipo para que se pueda utilizar incluso más de su energía. Unirse a un equipo deportivo también se te proporcionará semanalmente
Ejercicio, lo que le puede ayudar a calmar los ánimos y que tenga el uso de la energía Mal camino.

Unirse a un club

Si los deportes no son lo tuyo, siempre puede unirse a un club, ya sea a través de clases normales, su iglesia, o otra organización comunitaria. Usted puede unirse a un club de arte, club de ajedrez, club Francés, cocina club, club de debate, o realmente todo tipo de clubes en los que puede ayudarle a centrar la atención en un aspecto que le preocupa que no tenga que ver con molestar a tus profesores o no hacer sus deberes. Usted puede unirse a un club de primera para tener una idea de lo que lamamiento a usted más.

Vaya el voluntariado

El voluntariado es otra gran manera de mantenerse fuera de problemas y de poner las cosas en perspectiva. Es posible que no se vean tentados a causa de un escándalo en la escuela o en su vecindario después de que pasar algún tiempo con personas que están realmente en necesidad. Si eres demasiado joven para hacerlo en su propia, con un principal de un voluntariado, tanto si estás ayudando a la gente a aprender a leer, la limpieza de un parque local, o el trabajo en un comedor de beneficencia. Encontrar algo que es significativo para usted y para que se comprometan a por lo menos una vez a la semana. Aunque su programación no tienen que estar absolutamente repleto para que usted permanezca fuera de problemas, haciendo unas cuantas cosas que respecto a que cada semana puede ayudarle a centrarse en lo importante.

Ser alumno activo

Usted no tiene que ir directamente a cualquier tipo de problema, pero que sin duda no le hace daño. Ser alumno activo de medio tiempo, no faltar a la escuela, levantar la mano Si usted tiene preguntas, y haciendo el trabajo por adelantado, de modo que usted pueda participar. Si usted centrarse en ser un buen estudiante, entonces puede dejar de pensar en formas de irritar a su los profesores o los padres. Encontrar a unos pocos temas que realmente te interesan y trabajar en sabiendo todo lo que pueda acerca de ellos. Usted no tiene que encontrar absolutamente de todo interesante, pero recogida por lo menos uno o dos temas que significa algo que se puede hacer la diferencia. Establecer objetivos para mejorar sus calificaciones. No es necesario tener puntuaciones perfectas en todas las pruebas, pero se puede tratar de ir de un B a a B+ promedio en Matemáticas, por ejemplo.

Lea lo más que pueda

Lectura puede ayudar a mejorar tu vocabulario y destrezas de comprensión, se vuelven más con conocimientos e inteligente, y a ver el mundo de una forma totalmente nueva. Lo que es más, si si estás leyendo, a continuación, usted no es meterse en problemas. Conseguir realmente inmerso en una historia o las historias pueden ayudarle a olvidar las horas pasar y que se transportan a un nuevo mundo, en un mundo en el que tú eres un mero observador. Comience por leer a solo 20 minutos antes de acostarse cada noche puede ayudarle a desarrollar un adictivo hábito de por vida. Leer un gran variedad de libros, de la ciencia ficción a la fantasía, para ver qué géneros te gusta más.

Crear algo

Más creativo es otra gran manera de permanecer fuera de problemas. Puede escribir una obra de teatro y realizar con tus amigos, escribir un cuento, dibujar algo, hacer una olla cerámica, decorar su habitación como si se tratara de una selva tropical, y conseguir una serie de otras tareas creativas. Utilizando su mente para crear algo completamente nuevo y original es un gran uso de su energía y evitará que te creativos cuando se trata de seguir las reglas. Usted
Incluso puede inscribirse para una clase de arte después de la escuela, o pregunte a su profesor de arte si ella tiene algún extra proyectos en el almacén para usted.

No chismes

Una forma de evitar cualquier tipo de conflicto es que no el chisme, si eres chismear sobre tus profesores y compañeros, a sus amigos en el barrio, o incluso tus primos. Cotilleando sobre otras personas sólo envía vibraciones, lo que inevitablemente se vuelva a las personas en el final. Usted debe centrarse en decir cosas positivas de las personas, incluso si nadie se siente muy positivo, si no quieres estar en problemas. Si usted está diciendo cosas malas de la gente, que lo más probable es que finalmente volver a ellas. Y si es no, puede ser para algunos de los grandes problemas.

No trate de razonar con gente irracional

Una de las razones por las que se puede estar en problemas es porque se pueden encontrar la necesidad de defender o explicar a las personas que simplemente no están dispuestos a escuchar. Si usted y el cabrito en su clase de gimnasia o al final de la calle no tienes, luego alejarse. Resistir la tentación de establecer las cosas claras, le dice a la gente ¿por qué están actuando mal, o, simplemente, para pegar la cabeza en algún lugar que no le corresponde. En su lugar, obtenga la mayor distancia entre usted y "Volátil" o incomodar a la gente como sea posible, y usted será mucho más probable que se mantengan fuera de problemas. Razonar con gente que no quiere oír, es garantía en ninguna parte, rápido. Es un desperdicio de tiempo y energía.

Evitar los combates

Evidentemente, si usted es la clase de persona que siempre se mete en peleas, entonces esto es más fácil decir que de hacer. Pero si realmente quieres estar en problemas, entonces hay que saber cómo de a pie de lucha. Si alguien está tratando de provocar que, en la que se pide que los nombres, o simplemente conseguir que todos en su cara, aprender a tomar respiraciones profundas, a pie, y conservar la calma. Aprovechando esas personas, se lastime, y enviadas a la oficina del director o a su habitación es simplemente no es divertido, así que la próxima vez la oportunidad de luchar contra sí mismo presenta, recordar usted que, aun en el caso de que puede sentirse bien para golpear a alguien durante unos segundos de largo plazo, sólo lo perjudica. Literalmente, a un paseo de distancia. Si alguien viene a usted, coloque el las manos arriba y dejar. Esto no te convierte en un cobarde, que te hace inteligente.

Ser amable con todos

Ser amable y educado puede ir un largo camino para mantenerse fuera de problemas. Decir "por favor" y "gracias" y ser amable con todos, a un vecino que pasa por usted todas las mañanas con el crossing guard. Desarrollo de un hábito de buenos modales y buena las habilidades sociales le ayudará a lo largo de su vida, y es una excelente forma de mantenerse fuera de problemas. Si eres un grosero o media de las personas, desarrollar la reputación de ser un mal las semillas, y nadie va a estar en su corte cuando se pone en tela de juicio. Esto significa ser bueno a los miembros de su familia, también. No creo que te conozcan a ti, demasiado bien para que usted Realmente ser educado en torno a ellos.

Cuidar de sí mismo

Usted no puede pensar que descansar lo suficiente, comer tres comidas saludables y que algunos forma de ejercicio cada día tiene algo que de mantenerse fuera de problemas, pero estás equivocado. Cuidado de su cuerpo significa que usted está tomando cuidado de su mente, y si el cuerpo y mente están en buen estado, lo que es menos probable que actúe o meterse en problemas; por ejemplo, si tienes hambre o agotada de estar toda la noche jugando juegos de video, es mucho más probable que digan algo grosero a un adulto sin sentido.

En el otro lado de la carretera, puede ser sancionado por su acción. Aunque parece que Gente como para castigar, hay una limitación crítica de la investigación. El castigo es por lo general unica opción disponible para corregir este mal. Es castigar, o aceptar la transgresión.

Es posible, no obstante, que la gente prefiere a restaurar la justicia sin castigo, centrándose en su lugar en las necesidades de la víctima. Dado que los investigadores no suelen ofrecer las opciones punitivas, que no sabía hasta ahora de cómo castigo apilados contra otras formas de corregir errores. UN serie de estudios recientes de nuestro laboratorio ha encontrado personas pueden preferir no punitivo opciones al restablecimiento de la justicia.

Un estudio reveló, en lugar de castigar a los participantes en su gran mayoría prefería compensar la víctima mediante medios monetarios en un caso después de ser herido por alguien. A pesar de que ya es no especialmente sorprendente, los participantes también consideraron que esto fue suficiente para el mal: por lo general no castigar al infractor, incluso cuando castigo fue libre y fácil de hacer. Esta es una tarea sencilla prueba que, a veces, en algunos delitos, las víctimas no quieren castigar al autor si hay otros caminos a la justicia. Hay pruebas de esto en el mundo real, así: programas que priorizar las necesidades de las víctimas y fomentar el diálogo entre las víctimas y los autores muestran las tasas más altas de víctima satisfacción y responsabilidad del infractor.

Las víctimas, sin embargo, normalmente no deciden la suerte de sus autores: los jueces y jurados. UN principio básico de nuestro propio sistema jurídico es que las víctimas son parciales y, por ende, no se debe decidir la destino de sus autores. En contraste, terceros como jueces y jurados, se consideran más imparcial y objetiva y desapasionadamente impartir justicia. En estos supuestos las asimetrías entre las víctimas y terceros enfoque justicia, se trató de determinar si una la perspectiva individual cuestiones a la hora de decidir cómo restablecer la justicia. Que terceros (Los jurados) sancionar transgresiones sociales distinta a los que habían sido afectados personalmente (Las víctimas)?

Para hacer frente a este problema, los participantes en una serie de estudios de seguimiento se les pidió que hicieran las decisiones sobre nombre de otras personas. Efectivamente, se les preguntó a los participantes a actuar como jurados de repartir castigo a los autores o una indemnización a la víctima a pesar de no contar con ningún .piel en el juego. A diferencia de las víctimas, los terceros partidos eligieron la opción retributiva en nuestra tarea, donde el indemnización a las víctimas y al mismo tiempo el infractor es castigado. Para simplificar, aunque participantes raramente castigados transgresores después de ser tratado injustamente, cuando vieron que alguien otra cosa que se considere perjudicado, eligieron a los más duros castigos, aplicación de la clásica "ojo para un ojo" forma de justicia retributiva.

Este hallazgo arroja una nueva luz sobre la forma en que la gente elija a reequilibrar la balanza de la justicia. Cuando nos nosotros mismos hemos sido desairado, parece que se nos tienden a nuestras propias necesidades en lugar de aplicar castigo, pero esto cambia cuando tomamos decisiones en nombre de otra persona: para las personas o el jurado, un ojo por ojo puede ser preferible. Nuestro concepto de justicia parece depender de dónde nos encontramos.

Esto nos deja con un desafío: es posible que haya una separación entre lo que nosotros como víctimas quiere, de lo que terceros deciden por nosotros, a poner en tela de juicio nuestra ciega confianza en la supuesta imparcialidad de los jurados y los jueces.

Justicia de Estados Unidos no ha sido siempre así. "La vida no es justa" es un dicho favorito entre Los conservadores. Y el corolario de esto es a menudo inconscientes, "Así que, ¡usa para ella." Pero la mayoría de la gente no queremos que se acostumbre a él. De hecho, el deseo de justicia es tan Americana como el pastel de manzanas, es en nuestro sangre. Tenemos coraje cuando las personas no están tratados de forma justa y que creo que es necesario hacer algo sobre el tema. Y más a menudo que no, en el lugar que las personas vuelven a tratar de reparar esos daños de hacer la vida más justa para ellos y para otros es gobierno. Gobierno es el principal proveedor de la justicia y la equidad en la sociedad estadounidense. Muchas políticas de gobierno y las instituciones de gobierno están diseñados explícitamente para promover estas importantes valores públicos.

La manifestación más evidente de esto es el sistema de justicia penal y civil. Es el principal Forma en que como sociedad garantizar que los delincuentes sean castigados y que los males se enderezan. Este tipo de justicia no es algo que pueda ser confiable por el sector privado. No nos Queremos, por ejemplo, para que haya un mercado de justicia legal. No queremos que se haga justicia este algo siempre al mejor postor. De hecho, en este momento cuando nuestro actual sistema de justicia no tome sobre las características de un mercado, por ejemplo, cuando los ricos tienen la posibilidad de obtener porque ellos pueden darse el lujo de contratar a los más talentosos y costosos abogados-son exactamente los tiempos en los que creo que el sistema de justicia se ha interrumpido. Justicia no debe ser para la venta, debe estar disponible para todas las personas por igual, y sólo el gobierno puede proporcionar.

Tampoco podemos confiar en personas que actúan fuera de la ley, ya sea en forma individual o en grupos privados, a impartir justicia en nuestra sociedad. Con demasiada frecuencia el resultado de este tipo de enfoque es la venganza las matanzas, lynch mob, o de la unidad de tren de rodaje. Administración de Justicia fuera de gobierno y fuera de la ley es casi siempre arbitraria, inadecuada, violento, y de control. Para que se haga justicia verdadera justicia debe ser ordenado por la ley y es administrada por el gobierno.

Es revelador que incluso libertarios y otros ideólogos admitir que el criminal Sistemas de justicia civil y son partes del gobierno que son absolutamente necesarios y no se pueden . Argumentan que la ejecución de la policía, los tribunales y las cárceles son públicos legítimos esfuerzos que debe mantenerse aún en una versión mínima del gobierno. Pero apenas hay todo lo "mínimo" sobre el alcance y los costos de este sistema de justicia. No es "pequeño" gobierno a todos. El número de casos en nuestros tribunales son enormes. De 338.000 civiles y penales caso se hicieron presentaciones en los tribunales federales de distrito en 2008. Los tribunales del Estado maneja casi 28

74

veces como muchos casos civiles y 82 veces como muchos casos penales al igual que el sistema federal con su caso solicitudes por un valor total de 12 millones de dólares. Por supuesto, la gran mayoría de estos casos fueron resueltos y que No llegó a juicio, pero estas cifras nos dan una buena idea de la enorme carga de Nuestro sistema judicial. El sistema de justicia es también difícil de "mínimos" si nos fijamos en el número de personas que emplea y ¿Cuánto dinero le costó a los contribuyentes. En 2006, 2,4 millones de personas estaban empleadas en la justicia los sistemas gestionados en el ámbito federal, estatal, del condado, y nivel de la ciudad. Estos incluyen la policía, Los fiscales, jueces y otros funcionarios del sistema judicial, y a los que trabajan en las correcciones las instalaciones. En 2006, el país gastó un total de $214 mil millones en justicia penal y civil. En pocas palabras, el gobierno trata de establecer y mantener un sistema de justicia penal y civil son ni simples ni barata, son enormes y muy caro. Se requiere una financiación adecuada y saludable.

¿Cree usted en la justicia? Que nuestras libertades civiles deben ser protegidos? Que todos los ciudadanos deben ser tratados de igual a igual? Probablemente te conteste, "Por supuesto!" Pero, ¿es también consciente de que si usted es un acérrimo defensor de los valores públicos como "la justicia, la libertad y la igualdad", entonces usted también debe ser un acérrimo defensor del gobierno? Gobierno a menudo es la única institución que puede hacer este tipo de valores políticos básicos una realidad. De hecho, sin una sana y activa sector público, estos tipos de valores públicos serían muy escasos. Tomar la justicia por instancia. Por lo general no es algo siempre por el mercado o creado por las acciones de los individuos. Más a menudo es algo que sólo pueden ser suministrados y se mantengan en el sector público ambito de las acciones de las organizaciones gubernamentales como los tribunales y las legislaturas. Si queremos ona sociedad justa, debemos trabajar a través del gobierno, para obtenerlo.

Este argumento de que el gobierno es un mecanismo esencial para la realización de los valores públicos vitales es un elemento importante en el caso de gobierno. Gobierno es buena, no simplemente porque nos ofrece como individuos con determinados servicios y prestaciones, sino también porque es la forma principal a fin de promover valores importantes que son buenas para nosotros como un conjunto de valores que están en el público interés. Este punto de vista del gobierno, como la aseguradora de valores democráticos básicos es uno que va de nuevo En el comienzo de nuestra instituciones políticas nacionales. Considere, por ejemplo, la política Sentimientos expresados por los padres fundadores en el preámbulo de la Constitución de los ESTADOS UNIDOS:

Nosotros, el pueblo de los Estados Unidos, a fin de formar una Unión más perfecta, establecer la justicia, afirmar la tranquilidad interior, proveer a la defensa común, promover el bienestar general y asegurar que los beneficios de la libertad para nosotros y nuestra posteridad, decretamos y establecemos esta constitución de los Estados Unidos de América.

Desde el principio, el gobierno de los Estados Unidos se consideran primordialmente como un medio indispensable de establecer y promover ciertos valores públicos reconocidos universalmente, como los de justicia, tranquilidad y libertad. Y hoy en día, como ciudadanos, tenemos que reconocer en el gobierno lo que el fundadores vieron en él: que es la única institución que puede confiar para nutrir y proteger estos tipos de valores en nuestra sociedad.

Los gobiernos también tratar de reducir el riesgo en lugar de sólo difundir alrededor, y esto generalmente incluye algún tipo de normativa. Las políticas de medio ambiente disminuir el riesgo de que nos será intoxicados por el aire que respiramos o el agua que bebemos. Los consumidores nos protegen de reglamentos empresas sin escrúpulos que nos hacen trampas o nos venden productos peligrosos. Otras normas minimizar el lugar de trabajo peligros y enfermedades. Los gobiernos también participan en la regulación del económico más amplio propio sistema. Este valor que se reconoce por todo el mundo, la gente de todo el mundo viniendo a los Estados Unidos para disfrutar de la vida, encontrar una mejor oportunidad e invertir su dinero en nuestra las empresas. Según las estadísticas, la mayoría de las empresas son propiedad de los inmigrantes y esto es lo que el siguiente capítulo.

El Capítulo 7

Ser una diversión Persona

Como hemos llegado al último capítulo de este libro, uno de los capítulos más importantes que le llevará a su destino final. Es importante hacer hincapié en las personas con ideas afines. Para obtener más información acerca de cómo conseguir rico, ser un millonario y crear riquezas que dura. Ahora usted puede terminar su dinero le preocupa. Y la mejor noticia es que cualquiera puede aprender a ser rico de la vida, crear riquezas que dura y aprender cómo convertirse en un millonario. Todo lo que se necesita es creer en uno mismo, luego sólo tiene que seguir y en la práctica las técnicas simples para la creación de riqueza. Lo mejor de todo es que es más fácil de lo que cree y es muy bonito y muy gratificante económicamente y emocionalmente cuando se realiza. La gran mayoría de las personas están destinadas a ser atrapado en una trampa de la pobreza de la larga vida, Wow! ¿No es sorprendente!! La gran mayoría de las personas están destinadas a vivir sin cumplirse, la mala vida. Sin embargo, muy profundo dentro de su sueño de hacerse rico es ser millonario y la creación de riqueza sostenible. Es un hecho ampliamente documentado que la mayoría de la gente no sólo no ser rico, sino, lo que es peor, se enfrentan problemas de dinero toda su vida.

La mayoría de la gente nunca generar la suficiente riqueza o crear ingresos suficientes para prestar adecuadamente para ellos y sus familias. Para empeorar las cosas, incluso menos personas (3%) puede proporcionar a un comodidad de vida (por no mencionar a ricos!) en la jubilación. Personalmente, creo que es chocante y profundamente lamentable! Habiendo vivido una vida de esfuerzo cotidiano, luchando para conseguir con poco o nada que mostrar por todo este esfuerzo en el final. ¿Es eso lo que le interesa?

Si eres como yo... nadie te enseñó sobre el dinero o la financiación cuando era joven. La mayoría de lo que ha aprendido en la escuela o la universidad es bastante inútil cuando se trata de hacer dinero y ser rico. La mayoría de las personas nunca generar la suficiente riqueza y crear ingresos suficientes para mantenerse a sí mismos y a sus familiares durante su vida. Muchos pasan la mayor parte de su vida adulta a trabajar 60/80 horas a la semana, luchando para pagar las facturas y el pago de la hipoteca, y la lucha para mantener a sus hijos. Aquí están algunos hechos inquietantes:

90% De las personas se rompió dentro de los 3 meses de perder sus puestos de trabajo. Sólo el 3% de las personas se toman su jubilación financieramente independiente a los 65 años. 98% De las personas que son pobres nunca recibir un buen asesoramiento financiero o formación a lo largo de toda su vida. Con nuestra manera de hacerse rico de la vida, nuestro libro no es sólo ayudar a crear riqueza, sino que puede inmediatamente saber cómo poner fin a la vida de la pobreza miedo y te preocupa el dinero pueden haber sido experimentando. Creemos que la creación de riqueza se encuentra en el corazón de la finalidad misma de la vida. El verdadero

Propósito de la vida es crear por sí mismo, usted lo puede hacer y todos pueden hacerlo. Puedo asegurarles que hay un montón de oportunidades que usted puede aprovechar de inmediato. Yo recomiendo altamente
Que.

La mayoría de las personas que son altamente educados pero información inútil. Al tradicional educación no te hace rico. De hecho, la mayoría de las personas más ricas del mundo nunca han ido a la universidad y muchos ni siquiera se han terminado la escuela secundaria. Todos ellos tienen una cosa en común, como ser un deseo insaciable, el espíritu y sobre todo las herramientas y técnicas para generan una enorme riqueza. Decidir a tomar posesión de su desarrollo personal y la educación financiera, para aprender los mecanismos de dinero y la creación de riqueza es un paso vital en su viaje a la creación de riqueza.

Es importante que ustedes sepan algunas estrategias como la deuda técnica eliminación / reducción de deuda, cómo reducir y eliminar su deuda. Inmobiliaria / inversión... por qué y cuándo es la propiedad la inversión ideal. De, el crecimiento y el desarrollo de un negocio... cómo convertirse en un verdadero líder en el mundo de los negocios. Planes de jubilación... saben cuánto se necesitan para jubilarse y cómo planificar. Estrategias de inversión y ahorro ... cómo ahorrar e invertir para crear riqueza rápidamente. Decisiones el dinero en el Internet... descubra un negocio en línea persona y las técnicas de comercialización. Las estrategias de inversión Bolsa... cómo invertir para que guarde sus activos y maximizar el rendimiento de su inversión. Secretos para lograr el éxito... sabe lo que se necesita para tener éxito en tan sólo unos
Todo.

A fin de comprender cómo hacerse rico, no debemos reducir el concepto de inversión de dinero. Usted deben invertir en usted mismo, cultivar, tren, y dar tiempo para que la aplicación de sus ideas. Invertir su capital es también una condición necesaria para aprender cómo llegar a ser ricos. Invertir tu capital es tomar riesgos, tomando el riesgo de seguir su razonamiento, su intuición, su idea. El riesgo de perder todo o parte del capital para ganar un poco más independencia financier.

Hay muchas personas que dan consejos que se basa en la teoría, pero que nunca ha sucedido en el mundo real. Lo que se obtiene en este libro es una valiosa información que le ayudará a poner más dinero en su cuenta bancaria y crear riquezas que dura. Es una lástima, pero... Usted no puede contar con su trabajo, usted no puede contar con su gobierno, usted no puede confiar en sus asesores financieros para rico; sólo pueden confiar en sí mismos. Es por eso que es tan importante que empiece hoy a adquirir los conocimientos, las habilidades y las herramientas para asegurar su futuro financiero. UN cualificado fuente de confianza y experiencia para proporcionar orientación sobre la manera adecuada de hacerse rico y desarrollar riqueza duradera. Un libro fácil de seguir que le permite iniciarse en el camino de hacerse rico es espíritu y convicción de saber que usted realmente y por fin llegó a una fuente para que usted get rich de la vida y crear riqueza que dura.

Este es el motivo por el que hemos reunido información útil basada en nuestra propia experiencia y la las experiencias de innumerables personas de éxito para generar riqueza real y la riqueza secretos que accede a información y ponerla en práctica. Estos intuitivos secretos han creado millonarios multi-millonarios y multimillonarios incluso para aquellos que creen y aplicarlas a sus vidas.

No perder el tiempo en plata, hacer lo que el "promedio Joe" es !. Que piensan y actúan de manera diferente de la persona promedio. Tienen que invertir en su futuro, en lugar de tratar de gastar sus manera de felicidad. Ellos aprenden con la lectura de libros en la creación de riqueza, la asistencia a seminarios, etc. invierten en los activos de los que el dinero para ellos mientras duermen. Que pensar en el largo plazo en lugar de a corto plazo. Una vez que empiece a aplicar algunos de los secretos, pronto encontramos que usted está administrando su el mejor y más ganancias en su negocio.

De este modo a menudo tendemos a ver la voluntad de poder en lugar del poder de la voluntad. Asimilar esta frase, interpretar la esencia. Estas tres palabras no se con que se culpa, pero usted ponga su pie en la puerta, en la búsqueda de cómo conseguir rico. Que no se conviertan en ricos por siguiente otros. Se pasa por hacer elecciones diferentes. Si 10 personas caminando en la misma velocidad que Ir del punto A al punto C, por lo que va a llegar al mismo tiempo. Si usted es la persona y 11 usted decide a caminar más rápido, tomar otro camino, para utilizar un medio de transporte... entonces llegar antes que los demás. Gente, es casi imposible tener éxito por trabajan solamente para la gente. Es entendido que la primera vez que se inicia es posible que tenga que trabajar para que la gente pueda hacer un poco de dinero para empezar, pero el concepto de trabajar continuamente para que las personas con la intención de convertirse en ricos un día aún está en fase de estudio y la investigación. Usted necesita para que tome la iniciativa de ser tu propio jefe un día. Ese es el camino hacia el éxito final de ser rico o millonario. Que necesita para ser un emprendedor.

Muchas personas quieren poner en marcha su propio negocio. Su principal motivación: la independencia. ¿Por qué no sólo tiene que hacerse ricos. También es necesario tener la receta adecuada. Se enriquecen mediante la creación de su propio negocio puede parecer una locura, pero es posible que por un lado la evolución del número de las personas que se hizo rico por crear su propia empresa, y por el otro, el "éxito historias de emprendedores que empezar desde cero y que construyó la "imperios." Por lo tanto, ¿cuáles son las claves para llegar a ser parte del club?

Un estudio revela 40% de las empresas no sobreviven al tercer año. Esto deja mucho margen para exito y hacerse rico por convertirse en un empresario desde el otro lado 60% de recién creado las empresas viven más allá del tercer año de funcionamiento.

Las principales causas de los fracasos de llegar a ser ricos por crear su propio negocio son:
• La falta de experiencia en el ámbito de aplicación
• El déficit de financiación

No podemos dejar de recordar la importancia de estos dos parámetros importantes para el éxito de una empresa. Ya que debemos siempre buscar un chivo expiatorio, los jefes de las empresas no ha fallado tienen dificultad para poner la culpa en el limitaciones administrativas y de gestión que justifican su quiebra.

¿Cómo hacerse rico mediante la creación de su propio negocio?

Marketing incluye en primer lugar todos los medios de acción que se consigue y vender a los posibles los clientes. Marketing no es publicidad, en que la publicidad es sólo una de las formas de mercado. marketing es todo lo que contribuye a que el producto sea más atractivo. Por ejemplo: tarjetas, folletos sobre el producto o la presentación de la empresa, los trajes, las instalaciones, etc. Por supuesto, no todo es marketing y el contenido es tan importante como la forma, de lo contrario los clientes pronto se desilusionaron. También es difícil de crear un negocio sin los clientes. Contrariamente a la creencia popular, el marketing puede ser empleado con pocos medios pero con un montón de ideas para la creación de nuevas empresas; por ejemplo, utilizando un nombre seguro. Como otro ejemplo, considere dos ventas de helados. En la ventana de la primera sólo figura en la lista "helados" y el segundo "las ventas de helados" Introduzca los exóticos sabores de helados a tus deseos." De cuál de los dos se va a comprar el helado? El segundo de los helados es marketing, mientras que la primera no hace su trabajo. Para ser rico, creando una empresa, es saber cuál es el trabajo, se debe tener una estrategia de marketing. Después de la exitosa captura de clientes, ud. debe retener, que se llama lealtad de los clientes.

Muchos libros se han escrito sobre el tema, pero por simplicidad nos tome los ejemplos del glaciar. Si el glaciar resultados en tarjetas de fidelización que permiten adquirir el hielo que va a ofrecer la décima parte del dinero con dos entradas para el cine, el cliente volverá a menudo a comer helados y que de hecho se promover los negocios. Este procedimiento hace posible para fomentar la fidelidad de los clientes e incluso fortalecerla.

Mejor aún, con influencia pueden generar más dinero con lealtad de los clientes. Veamos nuevamente en la ejemplo del glaciar. Considerar esta vez que el glaciar ha incluido un cupón por un 15% de descuento. Además de tarjetas de fidelización, el cliente utiliza el 15% de descuento en su próxima compra helados, siempre que se utilice dentro de las 2 semanas después de la primera compra. En última instancia, el glaciar de los clientes aumenta su frecuencia de las visitas. Además, hay una buena probabilidad de que el cliente no volver solo. Es simple, que incluso una reducción de los costos en las ventas y aumentar sus posibilidades de conseguir rápido rico mientras que con ideas simples.

Todo mundo puede tener éxito?

Esta es una pregunta que se plantean regularmente debido a que muchas personas parecen dudar de su capacidad para tener éxito y alcanzar sus metas. Podemos efectivamente hacer la pregunta si o no todo el mundo puede en realidad tienen la misma oportunidad de éxito, sea cual sea el punto de partida, el curso, el social, física o psicológica, es posible que todos tengan éxito en sus sueños, transformando su vida, o lograr un objetivo concreto.

Éxito, independientemente de las condiciones

Obviamente, todo el mundo no sea presidente. En primer lugar, porque todo el mundo no lo desea y porque no hay suficiente espacio para todos. Sin embargo, una cosa es cierta, sobre la base de mi larga experiencia personal y profesional: todo el mundo puede tener una vida exitosa, felicidad, cumpliendo y convertirse en ricos, porque si el éxito depende de las condiciones externas por sí sola, ninguna de esas personas de éxito que no han tenido éxito. Hay millones de ejemplos de personas que viven en la extrema o condiciones difíciles que podrían no sólo la gestión para salir, sino que también llevan una vida ejemplar. Ubicación, condiciones de psicológico o condición física para algunos puede ser un terrible desventaja, pero también pueden ser un poderoso motor de los demás. A lo largo de mi carrera, he visto mucha gente transformar radicalmente sus vidas. Simplemente se les da los medios para cambiar su manera de ver.

El éxito puede ser científicamente probado

La ciencia ha demostrado en las últimas décadas que el cerebro es muy maleable, si podemos hacer malabarismos con su capacidades. Es perfectamente posible para cambiar patrones mentales, a la creación de nuevas conexiones nerviosas que, a su vez, puede inducir comportamiento nuevo. De hecho, a través de un adecuado entrenamiento basado en técnicas de concentración, relajación, meditación, visualización y sugestión, es perfectamente es posible que "reprogramar" el cerebro y por lo tanto orientar su vida y avanzar hacia el éxito, la felicidad
Y la salud.

Naturalmente, estas técnicas no son suficientes para que usted piense que su vida será cambiada y hacer que tenga éxito. Esto requiere una práctica regular y diligente que gradualmente nos da la capacidad para utilizar y modificar muchos hábitos mentales y de comportamiento.

Es mediante la repetición que las conexiones nerviosas se creará. Creer que el cambio Suceder en unas pocas sesiones es una tontería. Si haces ejercicio, sé que es una cuestión de repetición que el traslado se convierte en un acto reflejo. Es inconcebible para aprender a hablar inglés en una sola curso. No hay disciplina excepción a esta regla, el éxito es un hábito que se adquiere. del mismo modo, de acuerdo a la historia y el origen de cada uno de ellos, no nos beneficiamos de la misma materia, o el mismo punto de partida, es decir, antes de plantar las semillas, se debe preparar el suelo, tendremos que hacer a fin de que resulten aptos para su realización. Algunos simplemente centrarse en sus aspiraciones y a todos su éxito., en otras palabras, algunos tendrán que producir más esfuerzo y paciencia antes de ver el comienzo del éxito. Pero si nos tenga en cuenta esto, podemos entender que si mantenemos sus esfuerzos, por supuesto, ajustando y modificando como es razonable esperar que más tarde o más temprano vamos a llegar a nuestro objetivo.

Como hemos visto, tenemos que crear un entorno favorable para el desarrollo de nuestros deseos, porque este entorno es nuestra propia mente. Debe estar en perfecto acuerdo con lo que queremos ver. Aparte de eso, para tener éxito debemos llevar a este campo algunos elementos que favorezcan el desarrollo de nuestras aspiraciones.

Entre esos elementos, la inspiración es muy esencial. En efecto, debemos ser inspirado por nuestro tema, lo que queremos lograr. Debe tener significado para nosotros. De lo contrario, es decir, que si se para exito por las razones equivocadas, es una de las principales causas de fracaso porque no estamos de acuerdo con nosotros mismos.

Hay también otra fuente de inspiración que no debemos pasar por alto: los otros. De hecho, tenemos que construir sobre el éxito de los demás, personas que representan para nosotros un verdadero éxito, independientemente del área de interés. Este tipo de personas, si se logra, entiende lo que se necesita para lograr este objetivo. Podemos aprender mucho de ellos. He desarrollado un hábito que se ha ayudado a mí y que siga ayudando a mí: "Seguir los consejos de aquellos que han tenido éxito en el campo que me interesa." siempre estoy escuchando lo que me dicen, pero si alguien me da un mal consejo, yo no preste atención a ella.

Sería insuficiente para darte todo lo que necesitan para tener éxito y dejar de mencionar las cosas que pueden tener un impacto sobre usted a lo largo de la carretera. Que es de suma importancia para fijar en muchos diferentes obstáculos que impiden las personas a desplazarse y cómo evitarlos. Tener éxito en la vida, obviamente, requiere una enorme cantidad de auto-control (o enorme suerte). En esta búsqueda insaciable de éxito, todos podemos contar con una combinación de alto movimiento de nuestro cerebro. De hecho, el cerebro humano es una maravilla que la ciencia tiene un largo y duro tiempo para explicar, y que nos permite formar a razonamiento poderío y eficacia. Sin embargo, nuestro cerebro todavía está lejos de ser perfecto, y los que confían en él sin pensar muy bien de lo que estoy hablando. Nuestro cerebro hace muchos errores, sin siquiera darse cuenta. Estos errores son usualmente llamados sesgos cognitivos y absolutamente afectan a todos. Estos errores son especialmente importantes las barreras para tener éxito en la vida, por eso he decidido hablar de ellos hoy en día. Nunca le deshacerse de sus sesgos cognitivos, sin embargo, usted puede reducir en gran medida si usted se da cuenta.

Los siguientes son los más comunes sesgos cognitivos que podrían obstaculizar seriamente si desea tener éxito. Utilice esta información para ser consciente de su existencia y relativizar sus opiniones.

Tratando de capturar errores persistentes

De manera ilógica, nuestro cerebro nos permite a veces a pensar en ser persistentes en nuestro error que vamos a reducir su tamaño. Es como alguien que juegue al poker, sabe que no se tiene menos probabilidades de ganar cuando las cartas están sobre la mesa, pero persiste porque él ya ha invertido cantidad significativa. Aunque este principio se puede utilizar en su favor, sigue habiendo una gran riesgo si se encuentra en una situación de fracaso. Cuando usted se siente entrar en una espiral que el resultado es claramente negativo, se toma el tiempo a poner en tela de juicio su primera intuición y considerar la posibilidad de parar antes de que sea demasiado tarde. El éxito en la vida es conocer posibles fallos, pero no hasta el punto de hundirse por completo.

Para juzgar a una persona por su aspecto

Se nos ha dicho una y otra vez, "Ropa no hace al hombre." Pero nuestro espíritu no Hagamos que la mejor opción, cuando uno se encuentra con alguien por primera vez. Categorizar él/ella si te gusta o no. Además, se lo puede detener. La más gente que conoces, más su
Cerebro tiene la capacidad de comparar y de identificar. Siempre tratamos de ir más allá de su primera impresiones, ambos a la vez, cuando se estén mal y cuando están en lo correcto. Incluso si usted todavía siente que ae derecho de prejuzgar acerca de una persona, hay una posibilidad de que la persona que crees que somos estúpidos está destinado a convertirse en su mejor amigo, o que la relación puede ayudarle a tener éxito en su vida.

Hacer algo para demostrar su libertad

Este fenómeno es más frecuente en los niños, pero sigue afectando a nosotros en una forma más disimulada que madura a la vida adulta. La idea es que se niegan a hacer algo con el pretexto de que ha impuesto. No importa si usted desea hacer esto o no, que no desea mostrar a la gente que usted está tomando su libertad lejos de ellos. Utilizar una correcta apreciación de la manera que imponer a alguien. He visto grandes líderes toman decisiones al azar con el único propósito de imponer sus decisiones. Si usted tiene la impresión de que se trata de imponer una acción, pensar profundamente para asegurarse de que es lo correcto.

Optimismo para principiantes

Los principiantes siempre sientes que la tarea que los ataques no será demasiado difícil. La emoción a menudo se hace cargo de la planificación y análisis. Lo que puede parecer al portador es un logro para ser un falta de preparación y la solidez que las capturas rápidamente esta es la diferencia entre un piloto experimentado viajando a más de 200 en un circuito y que una persona con una prueba su licencia mientras tratando de hacer lo mismo. Tener éxito en la vida es, por supuesto, basada en el optimismo. Pero siempre ten cuidado cuando su optimismo aborda algo completamente nuevo. Trate de disminuir lo suficiente como para que no termine en una pared a 180km/h.

Controla el incontrolable Deseo

A veces pensamos que podrían influir en los acontecimientos externos al azar. Declarar Estar seguro de las cosas que podrían ser tan difícil para los demás va más allá del alcance de los mente y espíritu. Como un padre de dos, creo que esta tendencia se manifiesta en mis intentos de controlar mi los niños de las zonas donde conviene que les dan opciones, aunque son transitorios los adultos cierre de en el momento de la independencia. Cuando los niños son pequeños, podemos controlar gran parte de su medio ambiente, y en muchas de sus opciones para ellos. No podemos protegerlos de todo daño, sino que es razonable para los padres para intervenir y tomar decisiones que ayuden a prevenir graves daños. Podemos controlar dónde van a la escuela, a quien jugar, y lo que comemos. Sin embargo, tienen que transferir ese control a ellos, y nuestro intento de mantener el control más allá de los días que son que se nos ha encomendado sólo puede conducir a largo plazo y disfunción su incapacidad para defender por sí solos. Tratar de controlar (o creer que el control) que es la garantía de una prueba y rápidamente los fallos. Analizar todos los parámetros aleatorios en todos sus proyectos, así como fomentar y analizar la mejor de las peores casos posibles.

Ignorar lo que no admite nuestras creencias

No me podía imaginar un mejor ejemplo que el estadounidense debate electoral para ilustrar esto. Si usted está en uno de los campamentos o en el otro, se dará cuenta de que cada uno de ellos tiende a defender su partido denigra sistemáticamente lo que el otro dice. Incluso en los más altos círculos intelectuales de nuestro país, parece que todo el mundo a no tener en cuenta los hechos de ambos lados y poner en tela de juicio su juicio basado en la realidad. Seres Humanos tienden a estar interesado en lo que sostiene sus pensamientos. algunas veces se puede omitir involuntariamente una amenaza para su negocio, de la vida y los sueños sólo porque él cree en sí mismo. Este sesgo ha costado muchas personas, creo yo. Incluso si usted no está de acuerdo con la idea, siempre trato de escuchar y analizar en profundidad. Nunca dar nada por descontado si no quiere ver a su éxito objetivos desaparecer para siempre.

Creer que se puede resistir a la tentación

Todavía tenemos mucho menos control sobre nuestros deseos como lo imaginamos. Siempre pensamos que podemos dejar cualquiera de nuestras adicciones cada vez que queremos, sólo nuestro cerebro le gusta el camino fácil y aún intenta nos convencen de que la planta es la solución correcta. Algunas personas piensan que la mejor manera de resistir tentación es ceder a ella, no lo es! Para aquellos que quieren tener éxito en la vida, las tentaciones son un amenaza real. Siempre Ten cuidado y control de lo que se piensa, porque tu mente siempre te venden un una buena razón para caer y te ponga en peligro. Alejarse de su más importante las tentaciones. Si usted se encuentra diciendo que no es un problema, porque usted puede fácilmente detener, a continuación, usted está en peligro, ¡date prisa y parada!

Realizar un evento aislado una generalidad

Igualmente molesto que pueda parecer, es un evento único que no es suficiente para formarse una opinión. ¿Ha sentido alguna vez la sensación de injusticia mientras su jefe empezó a juzgar negativamente debido a una acción aislada? Resulta que todos estamos en el origen de las injusticias sin siquiera darse cuenta. Aprender a juzgar un caso, no en el nivel de la emoción que genera, pero la probabilidad de que se tiene que repetirse en el futuro. Cine Americano militar siempre dicen: "es un error una vez, dos veces por coincidencia y tres veces sabotaje." Saber distinguir estas tres!

No tomar el crédito por nuestros éxitos

Es fácil para nosotros para tomar crédito por el éxito sólo por mantener nuestra autoestima, pero rara vez se toman crédito de nuestros fracasos. Siempre es culpa de otro o un evento inesperado. Los niños creo que las buenas calificaciones en la escuela se basan en nuestra inteligencia, pero para ello es necesario que el profesor o el curso para explicar nuestros fracasos. De hecho, en el fondo, es imposible estar en armonía con uno mismo y alcanzar nuestro objetivo si no aceptamos nuestra responsabilidad de nuestros fracasos. Tener éxito, también es de reconocer nuestras debilidades. Simplemente tomar la responsabilidad de sus fracasos. No le echan la culpa a otros, aceptar que no cuando se produce un error. Esta es la única manera de avanzar.

Auto-profecías autocumplidas en un complejo título esconde uno de los problemas más comunes del espíritu humano. Siempre imagine lo peor para el futuro. Una persona está convencida de que él no tiene medios para conseguir con éxito que el trabajo de sus sueños. No tiene los medios para obtener los conocimientos necesarios para esta posición y no tratar de crear una red de ayuda, de lo contrario su sueño sea realidad. Creer que usted no podrá tener éxito en su vida es la mejor forma de no tener éxito en la vida.

Una cosa que no lo hacen "renunciar a su sueño"

No existe un camino claro y definitivo para el éxito de cualquier persona. Las personas con más éxito cualquier esfuerzo le dirá muchas historias de fracasos en su camino de la vida. Muchos han experimentado grandes fracasos, varias veces. Pero nunca se rindieron. El mayor secreto del éxito es aprender a "no." incluso de que justo decir que no es el controlador que hace verdaderamente personas de éxito aún más hambre y decididos a lograr su éxito.

Henry Ford se destaca por su altura como un pionero de la empresa moderna, sin embargo, este fundador de la Ford Motor Company ha fallado muchas veces en su camino hacia el éxito. Su primer intento de construir un motor de automóvil fue cerrado después de sólo un año y medio cuando los accionistas han perdido la confianza en su capacidad de alcanzar el éxito. Reunió más efectivo y volverlo a poner en marcha su esfuerzo, pero un año después fue obligado a salir de su propia empresa una vez más. Toda la industria del automóvil ha perdido la fe en Henry Ford,

Pero él no se amilanó. Él encontró otro inversionista para comenzar la Ford Motor Company, y el resto son parte de la historia.

Walt Disney DIS +0.64% - El creador del imperio Disney mundial de estudios de cine, parques temáticos, los consumidores y las mercancías recorrido un largo y sinuoso camino al éxito. Sorprendentemente, Walt Disney fue despedido de un trabajo en breve plazo en el Kansas City Star periódico porque él "no era lo suficientemente creativo." En 1922, se puso en marcha un Kansas empresa radicada en reír-O-Gram con un Misión producir cortos animados y películas publicitarias. Un año más tarde, en 1923, la empresa se fue a la quiebra. No se dio por vencido, aunque. Se mudó de Kansas a Hollywood para comenzar otra aventura, y The Walt Disney Company nació.

Richard Branson - Richard Branson es un empresario de éxito. Branson empresas de éxito incluyen Virgin Atlantic, Virgin Music y Virgin Active. A los 16 años de edad, sin embargo, Branson era un alta deserción escolar con la esperanza de comenzar una revista estudiantil. Que no tenga éxito. Fue en la creación de un negocio de que lo han hecho así que condujo a la creación de la tienda llamó Virgen. Hoy lo conocemos como uno de los empresarios más importantes del mundo, pero en su camino hacia el éxito, ha tenido que soportar muchos más errores, entre los que se incluyen Virgin Cola, Virgin Vodka, Virgen Ropa, Virgen Vie, tarjetas vírgenes. Gracias a dios nunca se rindió.

Oprah Winfrey, acaba de regresar a la posición n° 1 en la lista de celebridades Forbes después de dos años en el segundo lugar y un descenso en los ingresos de 88 millones de dólares desde el año pasado. En términos generales es aclamado como la reina del entretenimiento, y ha disfrutado de una impresionante carrera como un talk show host, propietario de medios, la actriz y el productor. Sin embargo, Oprah comenzó su vida en la pobreza, y en los primeros años de su carrera, sufrió numerosos reveses, como, por ejemplo, obtener despedida de su trabajo como reportera porque ella era "apto para la televisión", y disparó a la co-presentadora de noticias semana de ABZ-TV, que dieron lugar a su ser degradado por la mañana. Es evidente que esas organizaciones no reconocen el talento increíble que se derroche.

J. K. Rowling: el legendario escritor de la serie de Harry Potter, que ha dado lugar a la venta de más de 400 millones de libros, es también responsable de la más exitosa y lucrativa libro serie de película basada en la historia. Sin embargo, a principios de su carrera como autor, Rowling ha recibido innumerables rechazos a los editores. Incluso el famoso Harry Potter manuscrito fue rechazado de plano
Por razones, como por ejemplo, "es demasiado largo para un libro de niños." o, "Los Niños libros jamás ganar dinero." Su historia es aún más alentador cuando te das cuenta de que ella era una mujer divorciada y con una madre que viva en bienestar cuando su carrera como escritor comenzó.

Bill Gates -el famoso co-fundador y presidente de Microsoft dejó de Harvard a establecer un negocio llamado traf-O-Data. La asociación entre Bill Gates y Paul Allen, y Paul Gilbert se basa en una buena idea para leer los datos de tráfico vial contadores y crear informes automatizados sobre los flujos de tráfico. Pero el modelo de negocio es deficiente y la empresa tuvo unos pocos clientes y se ha traducido en pérdidas de 1974 a 1980 antes de su cierre. Pero Bill y su socio Paul Allen poner las lecciones que había aprendido a buen uso cuando crearon Microsoft.

Milton Hershey ha fallado en los dos primeros intentos de establecer un negocio de confitería. Pero, ¿hay alguno de nosotros que no conocemos y amamos Hershey dulces y chocolate hoy?

H. J. Heinz comenzó su carrera profesional con una compañía que fabricaba rábano picante. Lo que se declaró en quiebra. Afortunadamente, fue tenaz y había algunas otras ideas en mente. Sus productos alimenticios dejó su competidores muy lejos tratando de ponerse al día.

Steve Jobs fue despedido de Apple, sumándose a una larga lista de dirigentes brillantes que han sido retirados de las empresas que fundaron. Regresó después de varios años de Apple en uno de los de más éxito tecnología y las organizaciones de consumidores en el mundo.

Hemos tenido muchos más de los que podría ser utilizado para inspirar en su viaje al éxito, pero elegimos a acabar aquí. Y estoy seguro de que muchos de ustedes podrían añadir algunos nombres más, ilustres y desconocidos, a la lista. Todos ellos comparten el mismo éxito característica: nunca se rindieron, sin importar la cantidad de veces que tenía que volver arriba y el polvo, antes de que pudieran aprovechar. ¿Qué hay de usted?

Otra cosa que necesita para hacer lo que te tratan de abrir un negocio cuando usted viene a emigrar a los Estados Unidos. He aquí algunos consejos importantes:

La primera cosa a hacer es realizar una vigilancia activa sobre su mercado objetivo a través de la internet. Sólo tiene que iniciar hábilmente con directorios de negocios para conocer su entorno competitivo, sino también mantenerse informado de noticias de negocios de la industria y el país. Pregúntele a su Cámara de Comercio acerca de estudios de mercado o los libros publicados en su industria. Un estudio adquirido por unos pocos cientos de dólares le puede ahorrar un montón de tiempo para comprender el mercado de destino.
Pregunte sobre las temporadas ferias comerciales en el país. Estos eventos permiten identificar los principales actores en el mercado internacional, a fin de observar los expositores en el sitio así como de la vitalidad del mercado según la importancia del evento. Le permite identificar los activos y el número de competidores en el mercado. No limitar la búsqueda al país de destino, expanda su reloj también lingüísticamente a Países vecinos o cercanos a tener una visión de conjunto.

¿Cuál es el valor agregado a su producto o servicio en el mercado?

La relación entre la innovación y la exportación es muy fuerte. Si su empresa es innovadora, es muy es probable, si no seguro, que tiene aberturas para los mercados de exportación. Por otra parte, el mercado no exportar un producto que no tiene ningún valor agregado al producto local! Un producto para monetizar la gran inversión comercial en un país determinado, es necesario que su agregado valor ser superior a la de la producción local, porque un producto equivalente sería sorprendente si usted no puede ser competitivo, sobre todo si el producto ya está fabricado localmente. Identificar los competidores en el mercado y sus distribuidores o filiales. Este trabajo le permiten conocer el tipo de productos, el nivel de tecnología y el nivel de precios aceptados en el mercado. Por supuesto, usted debe analizar el mercado cuando se elige el país.

La tecnología utilizada por su producto: es tarde, pronto, o en las expectativas del mercado? en el caso de adaptación a las expectativas de los consumidores, el ejemplo más evidente es el vino. En los países donde el consumo es reciente, el mercado se adapta primero en vino blanco dulce que es borracho y el sabor es menos pronunciado y, a continuación, a la luz roja. Por tanto, sí, existe un cierto grado de madurez del mercado.

Centrar su estrategia en el cliente

Su estrategia es lo suficientemente orientado hacia el cliente? Creo que volver a su máxima en el exterior, en el extranjero, se trata de usted! Cuestionándote sobre este tema es esencial. La primera cosa a hacer es ser capaces de comunicarse en el idioma del país, es un signo de respeto, sino una garantía de que usted entienda las negociaciones y debates con el público. Tienen una placa traducido al inglés es un primer paso, que se traduce en el idioma del país de destino y le permite al cliente para evitar tener que hacer un esfuerzo para descubrir su oferta. El segundo punto es para entender y adaptarse a la mentalidad del cliente y la cultura. Mientras que los franceses se tienden a flexionarse tecnología y rendimiento técnico de su servicio, la American demostrará su capacidad de ganar dinero para el cliente potencial. El producto sigue siendo la misma, sino en cómo abordar la situación es muy diferente.

Todos los exportadores son unánimes en un punto: International es una humildad y sencillez. Su trabajo habitual o uso, color del producto, tipo de envase, el sabor de los alimentos... debe ser capaz de adaptarse a las expectativas del cliente. Un producto de alta tecnología que no pueden ser reparados a nivel local o que se ahorran mano de obra de bajo costo Los países no se adaptaron a la situación. Los conocimientos técnicos no será una buena venta punto. Automatización, a veces se siente ofendido cuando localmente el trabajo manual en el empresa sostiene una aldea o ciudad.

¿Qué tipo de persona es lo que tiene que ser para convertirse en un empresario de éxito?

De hecho, cualquier persona puede convertirse en un empresario. Cada uno debe estudiar cuidadosamente su negocio plan para asegurarse de que no haya los conocimientos y los recursos adecuados para esta idea en particular. Para iniciar

una pequeñas empresas de comercio al por menor por ejemplo, las habilidades, conocimientos, y los requisitos de capital son muy
Diferentes de los que necesita para abrir la primera sucursal de la franquicia. Del mismo modo, comprar una franquicia de una marca de prestigio y probado modelo de negocios requiere un enfoque muy diferente del que se requiere para iniciar un negocio totalmente nuevas con una marca desconocida.

Cómo determinar si soy capaz de iniciar un negocio?

Incluso si usted ha encontrado una gran idea con la mejor ubicación y si todo está financiado, el más grande sin embargo obstáculo a superar. El hecho de que usted nunca ha hecho este tipo de cosas antes. pregúntele a cualquier experimentado empresario y él te dirá que es mucho lo que hay que saber que la mayoría de la gente simplemente no saben por dónde empezar. Muchos empresarios nunca cruzar el escenario del sueño. A menudo nuevos los empresarios les preocupa tanto y se olvidan de centrarse en la idea general del proyecto.

Referencias

De Wikipedia, la enciclopedia libre
Http://en.wikipedia.org/wiki/robert_herjavec

http://www.mainstreet.com/article/5-successful-immigrant-entrepreneurs

Laurie Kulikowski. 30 Jun, 2011 15:00 EDT

The 13 Richest Americans Of All Time". Business Insider. 15 De julio de 2007. Recuperado 2015 Enero.

Cultura Americana: las tradiciones y costumbres de los Estados Unidos. Por el rey Ann Zimmermann, Live science contribuyente. 15 De Enero de 2015

Una aventura en cultura y valores estadounidenses. De Marian, Director, international Student/Investigador, UNC Charlotte.

El Primer Gran Despertar. De Wikipedia, la enciclopedia libre
Http://en.wikipedia.org/wiki/first_great_awakening

Despertar de Jonathan Edwards por Tony Cauchi, mayo de 2006

http://anthro.palomar.edu/language/language_5.htm

Https://www.facebook.com/permalink.php?story_fbid=169675939902637&id=169088 556584552

Galaxy language solution. October 8, 2013 · · · · · New Delhi, India

Importancia de la educación universitaria
Por eso es importante ir a la universidad por Jeff
McGuirehttp://www.collegeview.com/articles/article/importance-of-college-education

Los norteamericanos: exceso de trabajo, indiscutible. Tal vez por el Decano
Schabnehttp: //abcnews.go.com/US/story?id=93604

La ética de la migración e inmigración: Preguntas Clave para los encargados de formular

las políticas. Un documento de información por Lynette M. Parker

Lo único que no lo haga (y 9 famosos ejemplos) por Dav9d K. Williams

Http://www.forbes.com/sites/davidkwilliams/2012/07/24/top-10-list-the-greatest-living-business-leaders-today/

www.ingramcontent.com/pod-product-compliance
Lightning Source LLC
Chambersburg PA
CBHW070837180526
45168CB00002B/858